Kleines Glossar des Verschwindens

Von Autokino bis Zwischengas

Lauter Nachrufe

herausgegeben
von Andrea Köhler

Verlag C. H. Beck

Originalausgabe

© Verlag C. H. Beck oHG, München 2003
Gesamtherstellung: Druckerei C. H. Beck, Nördlingen
Umschlagentwurf: +malsy, Bremen
Umschlagabbildungen:
Getty Images; Fountain Pen Hospital, New York, N.Y.;
House of Audio, Sachse & Simml GmbH
Printed in Germany
ISBN 3 406 49467 6

www.beck.de

Inhalt

Kleines Glossar des Verschwindens

Vorwort

Meine erste Kamera war ein rechteckiger Kasten, den man sich vor die Brust halten mußte, um den Ausschnitt, der photographiert werden sollte, im Innern des Apparats widergespiegelt zu finden. Wenigstens ist das die Erinnerung, die sich mir als mein erster Versuch mit der Reproduktion der Wirklichkeit eingeprägt hat; auf den oft doppelt belichteten Photographien erschienen mitunter seltsame Geister. Das ist jetzt über dreißig Jahre her, und noch immer weiß ich nicht, weshalb der Kasten die Realität meist als Palimpsest wiedergab. Es wäre natürlich ein leichtes, sich kundig zu machen, wie so ein – schon damals – sehr veraltetes Gerät funktionierte. Doch darum geht es hier nicht. Worum es vielmehr gehen soll in diesem Buch, ist das Phänomen des Verschwindens selbst. Denn nicht nur mein erster Photoapparat ist längst technisch ausgereifteren Modellen gewichen, sondern auch der Moment, daß man nicht genau planen konnte, was auf dem entwickelten Bild schließlich zu sehen sein würde. Das Nichtkalkulierbare droht mit den Digitalkameras mehr und mehr zu verschwinden – und damit ein Stückchen Ungewißheit schlechthin. Die Überraschung, daß etwas erscheint, von dem wir nichts wußten – ein ertappter Gesichtsausdruck, eine zum Standbild gefrorene unwillkürliche Regung, eine schiefe Konstellation –, hat keine Chance mehr gegen das schöne Arrangement. Je mehr wir am Verschwinden des Zufalls arbeiten, desto größer wird das Volk der Geister, die wir nicht sehen.

Das ist eine Binsenweisheit, doch vollzieht sie sich ständig, und dies zumeist unbemerkt, auch an uns selbst. Wir vergessen, was uns entschwindet und oft auch das Stückchen Leben, das damit verknüpft war. Das können ganz unspektakuläre Dinge sein, eine bestimmte Bewegung, die nicht mehr ausgeführt wird, weil sich die Kleiderordnung gründlich geändert hat; eine Geste der Höflichkeit; eine von der Not erfundene Speise; die gediegene Umständlichkeit eines großbürgerlichen Lebensstils samt seiner Handreichungen und Requisiten; diverse Markenartikel und unterschiedliche Dienstleistungen, bestimmte Formen der Öffentlichkeit und natürlich all die technischen Innovationen, die inzwischen jede Biographie nach ihren jeweils neuesten Gerätschaften kommandieren.

Daß die Welt enger wird mit jedem Tag und alles sich anscheinend immer ähnlicher, ist die Erfahrung, die hinter dem «Kleinen Glossar des Verschwindens» steht. Naturgemäß ist es vor allem die Kindheit, die hier in den anachronistischen Gesten, Gegenständen, Geräuschen oder Gerüchen noch einmal beschworen wird. So haben nicht wenige der Autorinnen und Autoren auf den – im doppelten Wortsinn – verschlungenen Pfaden der frühen Erinnerungen ihre Verluste zu melden: das Verschwinden der Weglosigkeit oder der Zäune, die noch zum Klettern einluden, der gehüteten Betten oder geschwungenen Taschentücher – und manch einer Vorstellung, die uns verlorenging, weil sie erfüllt wurde, wie die Idee vom Schlaraffenland beispielsweise. Und weil das Gedächtnis offenbar unauflöslich mit Wärme und Kälte verbunden ist, gibt es in diesen Nachrufen seltsamerweise nur Sommer und Winter, nie Frühling und Herbst. Wir hören noch einmal das fröhliche Knattern von frisch gewaschenen Laken im Wind, das Klappern der Schreibmaschine und Störgeräusche von Radio Beromünster, wir riechen den Duft von Heckenrosen, Kirmes und Zuckerwatte und hauchen die Eisblumen fort, betreten verlassene Wege und die verlorene Zeit. Und fast jedes Auslaufmodell bezeugt, daß es in unserer Lebenswelt offenbar mehr aussterbende Arten gibt als neu hinzukommende Mutanten der technischen Evolution.

Gleichwohl erzeugen die Furien des Verschwindens nicht bloß das schiere Bedauern. Besonders viele Erziehungsmaßnahmen kommen uns heute durchaus entbehrlich vor: der Knicks beispielsweise, mit dem der weibliche Teil der Menschheit schon früh in die Knie gezwungen wurde; andere Dinge wurden durch bessere Nachfolge-Kreationen ersetzt. Tenor der Beiträge ist deshalb auch nicht die kulturpessimistische Klage, die Poesie des Ursprünglichen oder das Lob aufs solide Handwerk, geschweige denn jene Form des nostalgischen Name-Droppings, mit dem seit einiger Zeit die Produktpalette der Nachkriegszeit rauf und runter gebetet wird. Vielmehr geht es um Mythen und Utensilien des Alltags, deren Verschwinden selbst beinahe unbemerkt blieb. Wir vergessen, was uns entschwindet, und je mehr das Gedächtnis an neue Speicherkapazitäten delegiert, desto kleiner wird das Residuum der geteilten und also mitteilbaren Erinnerungen. Auch sie werden eines Tages womöglich verschwunden sein wie die Spuren des Zufalls aus unseren Photographien.

Drinnen und Draußen

Die Hakenleiste

Von Bora Cosic

Jetzt, da ich versuche, mich an Gegenstände und allerlei Einzelheiten zu erinnern, die aus unserem Leben verschwunden sind, kommt es mir vor, als sollte ich ein zerstörtes Haus wieder aufbauen. Wenn das Wichtigste getan ist – das Dach zu decken und Tür- und Fensteröffnungen auszusparen –, kommt die langsame und durchdachte Einrichtung der Innenräume. Erst dann werde ich versuchen, unser einstiges, vielleicht schon ziemlich totes Leben dort einzuführen. So habe ich das Bedürfnis, nach einer Reihenfolge vorzugehen. Deshalb erinnere ich mich an eine «Hakenleiste» aus emailliertem Metall mit geheimnisvollen Aufschriften. So eine hing vor etwa siebzig Jahren in der Küche meiner Großmutter. Über den Haken stand: für die Hände; für die Teller; fürs Gesicht; für die Gläser.

In meinem Zwergenalter kam ich nicht darauf, daß die Großmutter dort Tücher für verschiedene Zwecke aufhängte. Viele Jahre später fand ich etwas Ähnliches in einem Buch des Philosophen Foucault. Er beruft sich auf eine Erzählung von Borges, der alle existierenden Tiere auf seltsame Weise einordnete: solche, die dem Kaiser gehören; solche, die riechen; solche, die gezähmt sind; kleine Schweine; Sirenen und so weiter. Schließlich begriff ich, daß man die Dinge nach vielen Schlüsseln und zu diversen Zwecken ordnen kann. Wie es einem gerade einfällt. Natürlich gibt es kein Prinzip, die Tücher und Lappen ein für allemal zuzuordnen. So daß Großmutters

Hakenleiste vielleicht nur eine von vielen ist im Kosmos der allgemeinen Systematisierung. – Ich möchte betonen, daß es auch vor der heutigen Sammlung von Daten in einem Computer ganz einfache Methoden gab, ein paar Küchentüchern ihren Platz zuzuweisen. In Großmutters Provinz, die einst zur österreichisch-ungarischen Monarchie gehörte, im sanften und bescheidenen Slowenien, existierte bereits eine philosophische Manier der Einordnung, nur daß sie auf Küchendinge angewandt wurde. So versuche ich mein Leben lang, die profanen Dinge in eine höhere, essayistische, vielleicht metaphysische Klasse zu versetzen. Deshalb habe ich so viel Zeit in den alltäglichen Gemächern unseres Lebens verbracht und nach diesen manchmal unverständlichen, aber stets von bestimmter verborgener Bedeutung erfüllten Details gesucht.

Als hätte in jener fernen Region der Geist der alten Griechen geherrscht, um alles in ein bestimmtes System zu bringen. So erschien noch einmal Demokrits «Große Weltordnung», nur diesmal angewandt auf die Arbeiten in der Küche und im Haushalt überhaupt. Denn die Aufschriften auf Großmutters Hakenleiste für die Handtücher waren auf Kroatisch verfaßt, was beweist, daß sie in einer kleinen slawonischen Fabrik oder Werkstatt hergestellt wurde. Wo ebenfalls die Idee des griechischen Philosophen lebendig war, nur daß alles bei den Arbeiten in einem anständigen bürgerlichen Haus begann, wie es das meines Großvaters war.

Aus dem Serbischen von Barbara Antkowiak

Unsere verlassenen Wege

Von Péter Nádas

Wer meint, daß sich der Untergang nur von einem Augenblick zum anderen einstellen könne, unerwartet und plötzlich
wie ein Blitzschlag, tut das sicher nur aus eitlem Selbsttrost.
Gehören doch jedes Lebewesen und jedes leblose Ding von
Geburt an, vom ersten Augenblick seiner Verwandlung an,
dem Verfall.

In den östlichsten Ausläufern der Alpen hat es auf einem
von Wäldern umringten märchenhaften Hügel ein kleines Dorf
gegeben. Solange es vorhanden war, hieß es Salomfa.* Heute
ist es in einem Zustand, von dem weder Schilder noch Land-
karten mehr künden müssen. Die Art seiner Existenz kann
allerdings nur im landläufigen Sinn ein Nichtsein bedeuten.
Da stehen noch nackte Mauern, anstelle der Häuser gibt es Er-
hebungen, aus der Erde ragt ein Balken hervor, es gibt Apfel-
bäume, die die Früchte jeden Herbst unter sich ausbreiten, es
gibt gefährlich verkommene Brunnen, tief unten das Glitzern
des abgestandenen Wassers, es gibt verwilderte Rebstöcke,
und die kriechen mit ihren Trieben jedes Jahr weiter über
Bäume und Büsche, es gibt Zaunpfähle, und auch der meister-
haft gezimmerte Glockenstuhl ist noch vorhanden, obwohl
der Wind die Dachschindeln größtenteils schon abgetragen
hat, es gibt eine bronzene verzierte Glocke, da ist sogar ein Seil
zum Läuten, am Ende des Seiles gibt es einen großen Knoten.

Man kann wirklich kaum alles aufzählen, was trotz Untergang noch erhalten bleibt.

Über den Verfall des Dorfes liegen historische Dokumente vor, die man natürlich auch als die Niederschrift seiner Lebensgeschichte betrachten kann. So wissen wir, daß das Dorf in seinem vormittelalterlichen Leben einen anderen Namen hatte und seinen neuen Namen dem hiesigen Bach verdankt beziehungsweise jenem riesenhaften Baum, der am höchsten Punkt der Ansiedlung anstelle des Glockenstuhls gestanden haben mag. Ein bemerkenswerter Baum, denn unter ihm wurden für die Gegend Gerichte abgehalten. Der neue Name wird erstmals im dreizehnten Jahrhundert urkundlich erwähnt. Und wir wissen, daß hier 1513 auf winzigen Grundstücken Adelsfamilien und ihre Leibeigenen lebten, nach der anderthalb Jahrhunderte währenden türkischen Besetzung hingegen war das Dorf für etwa hundertzwanzig Jahre völlig entvölkert, ausgestorben, und erst im neunzehnten Jahrhundert ist es wiederauferstanden. Die Alten erzählen, daß es hier die berühmtesten Bälle der Gegend gegeben habe. Diese Bälle fanden in einer großen Scheune statt. Sobald die Nachricht von einem Ball umherging, kamen sie über Stock und Stein von überallher. Man erzählt, daß der gestampfte Boden des Schuppens stark abfiel, so daß die Tänzer erst abwärts, dann aber aufwärts tanzen mußten. Vielleicht liebte man den Ort wegen dieser außergewöhnlichen Gabe. Wenn man sich zu zweit, als ein Paar, der Anziehungskraft der Erde überlassen kann, ist das gut. Nicht weniger gut ist es, zu zweit dieser Anziehungskraft zu widerstehen.

Wo früher die denkwürdige Scheune stand, habe ich nur einen Abhang gefunden, überwachsen mit trockenem Gras und wilden Blumen. Die Wege und Pfade, die die Tanzseligen zur Scheune führten, sind auch nicht mehr zu finden. Von den einstigen Wegen der Fuhrwerke, von den Fährten und Pfaden sind nur an den tief gelegenen, feuchten oder sumpfigen

Stellen einige verstümmelte Abschnitte übriggeblieben, dort, wo selbst die gelben Landmaschinen zum Pflügen, Säen, Giftspritzen und Ernten trotz ihrer ungeschlachten Gummizähne die sichere Wendigkeit verlieren. Diese Stellen wirken aus der Ferne wie ungebärdige Wäldchen, wie mit Pflanzen bedeckte Flecken inmitten der sonst kultivierten Landschaft, wer sich aber durch die Büsche zwängt und zwischen den Baumkronen stehenbleibt, sieht in der ewig feuchten grünen Dämmerung deutlich die zwei hohen Seiten des Dammweges. Auf den sonnigen Flecken wachsen Brennesseln. In den letzten Spuren der Fuhrwerke kann der Fuß leicht umknicken. Es fällt einem schwer, sich einen Wagen vorzustellen, der hier als letzter vorbeigezogen war, und mindestens so schwer fällt es einem, sich einen Fuhrmann vorzustellen, der noch nicht weiß, daß er auf diesem Weg der letzte ist und daß in seinen Spuren niemand mehr kommt.

* Salomfa könnte auf deutsch Salom-Baum heißen (Anm. d. Übers.).
Aus dem Ungarischen von Zsuzsanna Gahse

Das Bett hüten

Von Dorothea Dieckmann

Ort der Nacht, Ort der Ruhe, Ort der Liebe und des Todes, der Geborgenheit und der Heimsuchung durch Alpträume und Wachängste: Das Bett, dieser privateste Aufenthalt des Körpers, schwankt zwischen den Extremen wie ein Boot auf hoher See. Eine Krankheit, heißt es sogar, wirft aufs Krankenlager, fesselt ans Bett. Das ist eine Fahrt, die keiner sich wünscht. Doch manchmal, zwischen Arbeit und Unterwegssein, sträubt man sich kaum, steigt ein und dümpelt auf mäßig bewegtem Wasser, als wäre es nicht um des eigenen Wohlbefindens, sondern um des vernachlässigten Kastens selbst willen: Das Bett soll «gehütet» werden.

Tag und Nacht ziehen vorbei, gleichmütig, während ein leichtes Fieber, eine kleine Zerschlagenheit die Glieder matt und schwer macht. Die Vorhänge halb zugezogen, überladen der Nachttisch. Oder, großbürgerlich, «ein Teewagen aus Nußbaum mit zwei Platten; auf der oberen befanden sich eine verstellbare Lampe ..., das Telefon, eine rote Keramik-Teekanne, zwei weiße Porzellan-Teetassen mit goldenem Rand und eine Thermosflasche aus Alpaka». Und Bücher. Micòl Finzi-Contini, von deren Zimmer hier die Rede ist, legt beim Eintritt des Krankenbesuchs gerade «Les enfants terribles» von Cocteau beiseite, «und wahrscheinlich rührten die Zeichen der Ermüdung unter ihren Augen eher vom Lesen als von ihrer Erkältung». Innerhalb von vier Tagen hat sie nur «ein paar französische Romänchen» bewältigt, und sie schwärmt von den Zeiten, in denen sie «Krieg und Frieden» oder «Die drei Musketiere» verschlang, «zur Zeit ihrer berühmten Grippen, als sie etwa dreizehn Jahre alt gewesen war und Fieber wie ein Pferd gehabt hatte» ... damals.

Das war in den Zwanzigern. In der Zeit, aus der Giorgio Bassani berichtet, muß Micòl ihrem Vater verheimlichen, daß sie Aspirin nimmt. Heute wird jede Erkältung mit betäubenden und beschleunigenden Arzneien bekämpft, denn der leibliche Eigensinn widerspricht dem Ideal einer ungestört funktionierenden und produzierenden Tagwelt. Sobald ein paar Bakterien hinzukommen, wird der stille Kampf des Körpers durch die chemische Invasion von Antibiotika ersetzt – und bevor auch nur ein Buch zu Ende gelesen ist, erwacht man, geschwächt und verdutzt, als «Gesunder», betrogen um die Dauer der Krankheit und die der Genesung.

Mehr als nur die Zeit, die uns von der Kindheit trennt, ist vergangen, seit die Nötigung einer kleinen Infektion in jene dämmrigen Ferientage mündete, die der Hausarzt, ein ausgestorbener Konservativer, mit dem kategorischen Imperativ «strenge Bettruhe» einläutete: warten, auskurieren, nicht vor Ablauf zweier fieberfreier Tage ausgehen ... Was war das für ein sanfter Zwang, der die Faulheit zur Pflicht, die Trägheit zur Vernunft, das Nichtstun zum Gebot erhob? Arbeit, Aufregung und Anstrengung waren verboten, Klagen erlaubt und jeder Wunsch Befehl, ja essen «durfte» man nur, worauf man Appetit hatte. Die Medizin, die solcher Süße die Würze und Würde des Verordneten gab, mußte bitter sein, und wahrscheinlich schluckten die Kinder in alten Zeiten mit dem schikanösen täglichen Löffel Lebertran nur jene Zutat, welche die Lizenz zur Regression als Ausnahme kennzeichnete.

Da verschwimmen die Stundengrenzen, die Figuren auf dem Bettbezug beginnen zu leben, die Schläfen pochen auf dem Kissen. Auf dem Laken pieksen Krümel; Brille, Uhr und Haarspange verkrümeln sich unter die Decke. Schwerer Schlaf, träumerisches Wachen. Hand stützt Wange, und abwechselnd schlafen der eine und der andere Ellenbogen ein, während das Fensterquadrat dunkler, der ungelesene Teil des Buches dünner wird und die Buchstaben zu tanzen beginnen. Die angezündete Lampe löscht die Schatten, die sich ins Zimmer geschlichen haben. Woher der Schweiß, die Müdigkeit? Von der Arbeit des Körpers, vom Ausschwärmen der Seele, vom Seegang unterm Bett. Bald ist das Ufer erreicht, die Fahrt zu Ende: Zeit, das Bett zu verlassen, diesen gastlichen, ach, wohlgehüteten Ort.

Waldgeheimnis

Von Adolf Muschg

Der Wald der frühen Kindheit: Hier fing einmal unbewohntes Land an, zugleich das nicht geheure, in dem man sich verlieren konnte, hier stieß das Dunkel der Märchen ans Dorf. Man konnte sonntags darin spazieren, aber dann gehörten beide Eltern dazu. Allein mit mir hätte die Mutter keinen Wald betreten. Doch sie liebte den Weg, der seinem Rand entlang führte. Und das tat er, in unserem Dorf, unabsehbar weit und eröffnete immer neue Übersichten auf See und Berge, die sie wortlos zu genießen schien. Begegnete man andern Spaziergängern, so begrüßte man einander herzhaft. Der zu laute Gruß hatte etwas mit dem nahen Dunkel des Waldes zu tun. Hell waren noch die Anfänge der Wege, die in den Wald führten; aber es brauchte nur eine Wolke vor die Sonne zu ziehen, dann kroch das Dunkel drachenhaft auf diesen Wegen hervor. Und in der Dämmerung verwandelten sich die Eingänge in schwarze Löcher, die darauf warteten, uns zu verschlingen.

Wenn wir uns vom Wald entfernten, kam es vor, daß ich mich noch einmal umdrehte. Da stand er, verkleinerte sich mit jedem Schritt und schwieg, seine offenen Stellen waren wieder zusammengerückt. Würde ich je groß genug dafür sein, dort ganz allein hineinzugehen? Und ich wußte mit Schaudern, daß sich in der Frage schon die Antwort verbarg: Wollte ich groß werden, so würde ich ebendies tun müssen und überhaupt dazu verurteilt sein, all das zu versuchen, was ich am meisten fürchtete.

Könnte ich die Geschichte meiner Kindheit schreiben, die «Eroberung des Waldes» wäre eine mögliche Überschrift. Der frühe Schauder hatte mir das Element gezeigt, in dem ich mich bewegen und wachsen lernte. Dabei war es lebenswichtig, daß das Waldesland, in dem wir unsere Hütten bauten, Schatzkisten versteckten, die Urkunden geheimer Bünde und todbringender Flüche vergruben, *Namen* hatte: *Salster, Spitz, Kühschwanz, Kühler Grund, die Große Buche, die Große Röhre.* Ich glaube, daß ich eigentlich dieser Namen wegen Pfadfinder geworden bin; denn das Kulturtechnische daran – Kartenlesen und Seilbrückenbauen, Kompaßmärsche und Patrouillenläufe – lockte mich nicht. Aber die Aussicht, den Wald jeden Samstag frisch zu besetzen: mit Höhlenbewohnern, Piraten, Indianern! Inzwischen spielte er mit. Wir hatten jeden seiner Winkel durchdrungen, und doch schien er nun erst grenzenlos, nämlich grenzenlos vertraut: Wir kannten ihn, bei jedem Wetter, wie unsere Hosentasche. Er vervielfachte unsere Körper und erweiterte sie ins Unabsehbare. Zugleich bewahrte er etwas von seiner Dunkelheit; denn über die Geheimnisse der Hosentasche mochten wir verfügen; über diejenigen des Körpers noch nicht und immer weniger. Dagegen war der Wald ein vergleichsweise geschützter Raum. Und ein verbündeter. In ihm verbargen sich alle Finsternisse des Geschlechts, und wir uns vor ihnen, einstweilen.

Wenn ich den Kinderwald heute, ein halbes Jahrhundert später, wieder betrete, präsentiert er sich als Erholungsgebiet. Wo die Spur einmal von einer rätselhaften Narbe – der Name «Kiesgrube» erschöpfte sie nicht – zu den Keltengräbern hinübergeführt hatte, deren Hügel unauffällig geworden sind, zeigen die Tafeln einer Lebensversicherungsgesellschaft den Pfad an, den man im Joggertrab zurückzulegen hat, wenn man sich fit halten will. Da und dort ist an geeigneten Plätzen

Gerät zwischen die Bäume gestellt, das bestimmte Übungen zur Fitneß vorschreibt. Inzwischen hat sich auch die Sprache dieser Tafeln entfärbt, das «Wanderhangeln» zum Beispiel gibt es nicht mehr, das einem den Nachvollzug an den «Holmen» mit Heiterkeit würzen konnte. Die Folterstrecke für Gesundläufer überlagert die Spuren der Kindheit; für das äußere Auge sind sie gelöscht, die Fluchten der Stämme leer. Vor lauter Wald kann man die Bäume übersehen, zugleich lassen beliebig viele Bäume den Wald als eine Welt für sich verschwinden. Was soll's? Er ist zum Abgelaufenwerden da, zum Stretchen, zum Durchatmen.

Nur in der Nacht beginnt er wieder dem Wald der Kindheit zu ähneln. Und in seine Menschenleere stiehlt sich dann etwas von jener elementaren Furcht zurück, die jene Jahre entgeistern oder beseelen durfte. Reale Unholde benützen Parkhäuser, Unterführungen, stille Gehwege für ihr plötzliches Erscheinen, dafür brauchen sie den Wald nicht mehr; das weiß inzwischen jedes Kind, und auch jede Frau kann es wissen. Aber spätabends steht das schreckhafte Ich doch wieder vor jeder schwarzen Baumfront wie vor dem offenen Tor zur Unterwelt, bleibt lieber nicht stehen und sieht auch nicht zu lange hin: Hat sich dort nicht etwas gerührt?

Am hellichten Tag zeigt sich sonnenklar: Der Wald, deiner Erinnerung müde, hat sie längst ausgewachsen. Die geschützte Restnatur ist kein Bundesgenosse der Vergangenheit, keine Schöpfung unveränderlichen Vertrauens. Ich fand das wasserfest versiegelte Aluminiumkästchen nicht mehr, in dem mein Jugendfreund und ich im April 1946 ein furchtbares Geheimnis vergraben hatten; was war mir eingefallen, danach zu suchen? Ein Nadelholz war genau über dieser Stelle aufgeschossen, dreimal so hoch wie ich, und doch mußte es, sieben Schritt von dieser Wegbiegung nach Nordosten, die rechte Stelle sein. Nichts daran war wiederzuerkennen. Täuschte mich das Gedächtnis, war nur mein Schritt kürzer geworden? Im abgebauten Wald – auch ein Sturm namens Lothar hatte daran mitgewirkt – beschlich mich kein Gespensterschauder mehr, überfiel mich dafür das greifbar gewordene Schwinden der Zeit. Sie hatte die Vergangenheit verzehrt; zugleich wuchs sie mir über den Kopf, mit fast schwarzem Eibengrün. Und ich dachte an ein offenes Feld, halb noch Friedhof, halb schon *Terrain vague* am Stadtrand von Chicago; hier liegt eine Steinplatte im starren Gras und unter ihr, was von meinem Jugendfreund übrig ist. Auch von der Asche eines gewesenen Lebens wird inzwischen wie von jenem verschlossenen Kästchen nichts mehr zu finden sein.

Kabine

Von Gertrud Leutenegger

Woher kommt diese Szene, diese Abgeschiedenheit auf einmal, mitten in einem Geschwirr von Stimmen? Von der Sonne aufgeheiztes Holz, das Klatschen nasser Badetücher, ein Rinnsal unter den Füßen, von unsichtbaren Nachbarn, Wasser, Urin, zerlaufenes Eis? Sommerluft, noch in diesem denkbar kleinsten Innenraum, das Summen einer aufgestörten Bremse, dieses fast fiebrige Auskleiden, Ankleiden, so groß ist die Lust, sich in den See oder ins Meer zu werfen, skandiert von kleinen Verzögerungen, dem plötzlichen Blick auf sich selbst, ohne Geständnisse, dem Lauschen auf die Rufe von draußen, ebenso von ihnen ausgeschlossen wie von ihnen durchdrungen, das freudige Vorgefühl der Furchtlosigkeit über der Wassertiefe, noch erhöht durch das Aufblitzen möglicher Gefahr, von einem Moment auf den andern konnte die Alarmsirene des Steinbruchs aufheulen, in Sekundenschnelle mußte der Lauerzer See verlassen werden, Detonationen erschütterten die Bucht, Staubwolken schossen vulkanartig empor und lagerten noch lange über der Abbruchstelle, während das Entwarnungssignal uns in den See zurückspringen ließ, die aus der Distanz winzigen Förderwagen von neuem die Steilwände entlangzuckelten, später im Meer drohen jähe hohe Wellenmauern, eine von hinten sich nähernde Meduse, auf Felsbänken eingebohrte rasierklingenscharfe Muscheln, aber immer wiederholt sich, in der verwitterten Holzkabine am See, im weißgestrichenen Strandhäuschen auf der Insel im Meer, jene plötzliche vibrierende Einsamkeit hinter vorgeschobenem Riegel, überflogen und durchkreuzt von Stimmen, so wie man, endlich im Wasser, gestreift werden wird von unterschiedlichsten Strömungen, kalten, warmen, lauen, und, je nach Geschichte des Meeresbodens, je nach Sonneneinfall, sich mit einemmal als Schatten dahingleiten sieht auf dem Grund, welches Erröten unter Wasser! Dann wieder ist alles opak, nur der Körper selbst beginnt grünlich durchsichtig zu leuchten, treibt weit ab, eine irisierende schwimmende Blase, aber noch ist der Riegel nicht zurückgeschoben, noch einen Augenblick verharre ich in der von Algengeruch, Bremsengesumm und Sommerwärme erfüllten Kabine, denn hier, in dieser Abgeschirmtheit mitten im Ankommen und Fortgehen, diesem Alleinsein in der Unruhe des ersehnten Horizonts, hier, noch ohne das geringste aufgezeichnete Wort, entdecke ich den Ausgangsort des Schreibens.

Eisblumen

Von Joachim Güntner

Den Schnee haben wir als Kinder herbeigesehnt, die Eisblumen nicht. Sie wurden begrüßt und bestaunt, wenn morgens das Rouleau hochging, doch wer hätte einen Grund für überbordende gute Laune in ihnen gefunden? Kein Versprechen auf einen mit Spielen erfüllten Tag ging von ihnen aus. Ihr Reiz war bizarr und flüchtig; selten, daß sie, ohne zu tauen, den Morgen überstanden. Wohl entlockten sie uns ein «O sieh mal, wie schön!». Wie wenig aber ließ sich mit ihnen anstellen. Ein Guckloch hauchen, das ja. Die warme Hand auflegen, um einen Abdruck zu erzeugen. Das war dann bereits der Anfang der Zerstörung. Ihren Namen fand ich immer verfehlt. Farne sah ich in ihnen, keine Blumen. Ihre filigranen Muster bestachen den optischen Sinn, doch es war eine kalte Pracht, deren Erstarrung sich auch atmosphärisch mitteilte. Vielleicht habe ich sie darum lange Zeit nicht vermißt und erst spät mit Bedauern bemerkt, daß sie aus meinen Wintermorgen seit Jahren verschwunden sind.

«Weil alle den lieblichen Frühling nur wollen / Dem bissigen Winter dagegen sie grollen / So hatte sich dieser beim Herrgott beklagt / Daß ihm jede blühende Zier sei versagt. / Da hat ihm der Herrgott auch Blüten gegeben / Doch ohne ein jugendlich duftiges Leben», reimte Eugenie Marlitt über die Eisblumen am Fenster. Das ist, mag man auch die Qualität des Verses gering veranschlagen, eine hübsche theologische Spekulation über den Ursprung der frostigen Formen. Die

Physik sieht deren Entstehung prosaischer, verweist auf das Verhältnis von Luftfeuchtigkeit und Raumtemperatur, das herrschen muß, damit sich ein Hauch auf den Scheiben niederschlägt, und hat eine Temperatur von minus zwei Grad, gemessen an der Innenseite des Glases, als ideal für das Wachstum der schönsten Eiskristalle festgestellt.

Schon uns Kindern fiel auf, daß sich die Gestalt der Eisblume im Detail wiederholt, daß das Große im Kleinen wiederkehrt – von «Fraktalen» zu reden freilich wäre uns nicht eingefallen. Auch wußten wir nicht, daß die Fensterscheibe besonders gut beschlägt, wenn Staub und Schmutz auf ihr sitzen und als Kondensationskeime die Wassertröpfchen binden. Blitzblank putzen schadet nur. Als Gleichnis will mir dieses Wissen heute gut gefallen: Sterilität ist kein Nährboden für Schönheit.

In den Erzählungen unserer Klassiker gehören Eisblumen zum festen Inventar, teilweise als beiläufig eingestreute Realien, bei genauerem Hinsehen aber auch als dramaturgische Mittel. Da erscheint die beheizte Stube als noch einmal so gemütlich, wenn der Autor in gehörigem Abstand zum bullernden Ofen das Fenster zufrieren läßt. Eisblumen verwehren Aus- und Einblicke und zwingen so die Figuren der Erzählung zu ungeplantem Handeln. Fontane, der als versierter Theaterkritiker einen Sinn für die Inszenierung des Bühnengeschehens besaß, läßt das Personal in seinen Geschichten gern in Eckfenstern sitzen und «ein Guckloch» in die Eisblumen pusten, auf daß der Blick wie durch «eine Glaslinse» auf die Straße fällt, wo dann prompt dieser oder jener Bekannte seinen Auftritt hat. Beim sprachverliebten Jean Paul wird die Eisblume zum Synonym für rhetorische Figuren, es gibt «zierlich gefrorne Eisblümchen von Anspielungen» in den «Flegeljahren», und über einen Phrasendrescher im «Titan» heißt es, er habe sich «ein eignes Phrases-Buch des Nichts, besondere Rede-Eisblumen angeschafft». Ein sinnreiches Bild für die in Platitüden erstarrte Rede, die dennoch glänzen will. Jean Paul hat, wie es scheint, Eisblumen nicht sonderlich geliebt.

Kennt denn die junge deutsche Literatur diese Gewächse noch? Ich zweifle. Den zwischen 1950 und 1970 geborenen Poeten wird es vermutlich wie mir ergangen sein, der ich noch einige Eisblumenbegegnungen in sanierungsbedürftigen Studentenbuden hatte, in den achtziger Jahren dann aber irgendwann eine Wohnung mit Isolierverglasung bezog. Seither ist an minus zwei Grad, innen an der Scheibe gemessen, nicht mehr zu denken. Soll ich sagen: zum Glück? Das doppelt verglaste Fenster ist der Tod der Eisblume, und ihr Verschwinden fügt sich nahtlos ein in die Bedürfnisgeschichte des «luxurierenden» Wesens Mensch. Vor die Wahl zwischen Komfort und Schönheit gestellt, wählt die Mehrheit allemal den Komfort. Da sich aber auch der Komfort gern ästhetisch möbliert, müssen Surrogate her: Dekorschnee aus der Spraydose ist zu einem beliebten Mittel vorweihnachtlichen Scheibenschmückens geworden.

Im Januar habe ich noch einmal eine echte Eisblume gesehen. Sie war beeindruckend, glitzerte prächtig, als die Sonne sie traf, und war alsbald nur noch eine Wasserlache auf der Fensterbank. Die Einfachverglasung habe ich mir nicht zurückgewünscht.

Putzen und Schniegeln

Lächelnde Laken

Von Brigitte Kronauer

«Weiße Wäsche wendet der Wind / Lächelnde Laken lohnen's im Schrank» (das mögliche Reimwort «Spind» war mir noch nicht geläufig): Freiwillig und sofort gebe ich zu, daß der Sommergeruch von Hemden und Bettbezügen, den sie nur beim Trocknen in frischer Luft bekommen, nicht der schlechteste und sicher der vernünftigste Grund ist, ein Verschwinden der Wäsche von den Gartenleinen zu bedauern. Damals aber, in noch zartem und also um so altklügerem Kinderalter, war es beim Herstellen des Zweizeilers nur ein vorgeschobenes konventionelles Plädoyer, mit dem ich bei der dafür zuständigen Frauensperson für etwas warb, was damals ohnehin als selbstverständlich angesehen und daher auch wohlwollend nickend in Versform akzeptiert wurde. Viel eher ging es mir nämlich um das schöne Ritual, die noch eben in der dunklen Waschküche zusammengeworfenen und ineinander verdrehten Wäscheteile in tadelloser Reihung auf der Leine frei hingeblättert und befestigt zu sehen, wobei ich aus dem Beutel eifrig die Klammern anreichte, auch wenn mir dann manchmal bei Wind ein nasses Hemd um die Ohren klatschte. Und wie sich die Laken und Bezüge in der Sonne strahlend entfalteten, so heiterte sich die Stimmung der mütterlichen Wäscherin auf, bis sie trällerte.

Natürlich durfte man, während die Wäsche tropfte, wippte, trocknete, nicht zwischen den hängenden Stücken spielen. Man tat es aber, und das war das Beste! Plötzlich hatte man auf der leeren Wiese Wände und Korridore, die sich zudem mit jeder Luftbewegung änderten, vergängliche Zimmer zum Verstecken und stundenlangen Wohnen. Wurde dann schließlich die Leine geräumt, fühlte man sich wie ein Hase, dem das Feld gemäht wird.

Oder gaben erst die Mißgeschicke dem Ganzen den eigentlichen Pfeffer? Wenn eine Taube eines der makellosen Rechtecke frech im Vorüberflug signierte, unvorhergesehener Regen einen Alarm auslöste, als stände das Haus in Flammen, die überlastete Leine von einer Sekunde zur anderen riß, Inbild des Fait accompli? Blieb die Wäsche über Nacht draußen, fehlte gelegentlich – Anlaß für Spekulationen – ein Hemd, ein Schlüpfer. Und noch etwas anderes passierte einmal im späten Herbst: Eine junge Frau saß weinend beim Morgenkaffee in unserer Küche, als diejenige, die sich schon besser in der Liebe auskannte, aus dem Garten ins Zimmer trat und ihr mit den Worten: «Ein Herz habe ich noch nie brechen sehen, aber wohl eine Männerunterhose!» eine solche, gefroren und in zwei Teile gespalten, auf den Tisch knallte.

Was wog schon dagegen das Kleinkarierte, also der Wettkampf um die Akkuratesse der Leinenbestückung in den verschiedenen Mietshaushalten, das Überwachen der Waschfrequenz, der heimliche Kampf um die sonnigsten Abschnitte bei schönem Wetter? Paßte das nicht alles ausgezeichnet zum kindlich präzise erwitterten, wenn auch unklar Intimen, das irgendwie mit der unbedingt zu erzielenden Fleckenlosigkeit der Laken zusammenhängen mußte?

Gewiß, die Erfindung der elektrischen Waschmaschine ist eine der wenigen wahren Großleistungen der Technik. Nicht aber der Trockner! Den Totaltrockner hätte man unterschlagen sollen! Wo sind sie hin, die müßiggängerischen Nachmittage, an denen bei hohem Himmel, nach dem Vorbild sanft dahintreibender Wolken und ausschwärmender Löwenzahnsamen, die Wiese unter ihren Wäschesegeln, den träumerisch geblähten und immer leichter flatternden, die Anker lichtete!

Sonntagskleider

Von Katharina Döbler

Sie hingen die ganze Woche über im dunklen, duftenden Schrank: das Kleid aus zartem Baumwollstoff mit den winzigen rosa und weißen Karos und den gestärkten Spitzen um den Halsausschnitt; das andere, das Großmutter das Biedermeierkleid nannte, rote Kirschen auf weißem Grund und Spitzenborte auf der Brust; für den Knaben die grauen Hosen mit der Falte, die jeden Samstag aufgebügelt werden mußte. Die Hosen kratzten an den Beinen, und die Kleider hinderten die Arme daran, in die Höhe zu greifen. Seilspringen konnte man nicht damit. Und schon gar nicht irgendwo hinaufklettern.

Man mußte aufpassen. Die guten Sachen waren empfindlich.

Die weiße Strickjacke zum Beispiel bekam leicht dunkle Ränder an Ärmelbündchen und Kragen. Auf der Brust war sie mit rosa und blauen Blümchen bestickt, jedes mit einem Stengel aus zartgrüner Wolle und einem dunkelgrünen Blatt. Man sah, daß an den Bündchen angestrickt worden war, die Wolle war ein wenig anders, weniger weiß, weniger leuchtend. Dazu gehörten weiße Kniestrümpfe mit Lochmuster, von einem Gummi im Bündchen gehalten. Das schnitt einen scharfen Abdruck in die Haut unter dem Knie, der abends nach dem Ausziehen noch lange zurückblieb.

Im Kleiderschrank der Eltern hingen die guten Sachen ganz links: ein schwarzes Kostüm und ein dunkelgrauer Anzug aus einem Stoff, der ohne Geräusch und Widerstand durch die Finger floß. Daneben die anderen Sonntagskleider.

Mutter zeigte sich zum Sonntagsnachmittagskaffee meistens in einem engen, hinten kurz geschlitzten Tütenrock und balancierte oben drüber das zu schwankenden Höhen getürmte Haar. Großmutter legte, bevor sie sich zu Tisch setzte, ihre Schürze ab, die sie sonst tagein, tagaus trug. Ihre gestärkte Sonntagsbluse warf im Sitzen eine steife Falte über der Brust. Vater und Onkel Fritz behielten ihre Jacketts bis nach dem Abendessen an, außer wenn sie zwischendurch auf dem Rasen eine Partie Boccia spielten.

Boccia war das Lieblingsspiel des Bundeskanzlers, wie wir wußten, und es war praktisch unmöglich, sich dabei schmutzig zu machen. –

Das Wort Freizeitindustrie war noch nicht erfunden, und überhaupt waren Sonntage auf dem Land und in der Kleinstadt nicht zum Vergnügen da. Sonntag war der Tag, an dem man nicht arbeiten ging, doch niemandem wäre es eingefallen, dieses Nichtstun durch besonders legere Kleidung unter Beweis zu stellen. Im Gegenteil: Sonntagskleider repräsentierten in ihrer unerbittlichen Steifheit, in ihrer Reinheit – was ja bekanntlich mehr ist als nur Sauberkeit – die Abwesenheit jeder Anstrengung. Keine Schweißränder und keine Schmutzflecken zeugten von unziemlicher Betätigung. Diese Gewänder waren wertvoll in einer Weise, die nicht viel mit dem Geld zu tun hatte, das sie gekostet haben mochten; ihr Wert bestand in der aufwendigen Pflege, die sie beanspruchten: reinigen, bügeln, stärken, appretieren. Vieles war noch handgestrickt mit schwierigen Mustern, selbstgenäht mit raffinierten Borten, Biesen und Falten. Der herrlich fließende Anzug aber kam vom Schneider und wurde mit Kleiderbürste – später mit

Fusselrolle – im ständig überprüften Zustand der Makellosig-keit gehalten.

All die in den schönen Kleidern versteckte Mühe fand An-erkennung anläßlich der sonntäglichen Rituale, denen sich alle unterzogen, die wußten, was sich gehörte: der Kirchgang, der in ländlichen Gegenden noch absolut obligatorisch war, das Mittagessen mit Braten, im Gasthaus oder zu Hause, der Spaziergang en famille und der Nachmittagskaffee mit Selbst-gebackenem und Besuch. Man fragte sich am Abend nicht, ob der Tag gelungen war: Sonntage mußten nicht gelingen. Sie durften nur nicht schiefgehen. Kakaoflecken auf dem Spit-zenkragen konnten ihn unter Umständen ruinieren.

Sonntage waren eben so.

Sicher, es gab manchmal die Wanderungen, die Picknicks, die Badeausflüge. Doch selbst da wären ausgebeulte Sportho-sen und ungebügelte Baumwollhemden alles andere als comme il faut gewesen. Jogginganzüge hießen noch anders und waren ein Fall für den Sportverein.

Die grundsätzliche Verweigerung der Ästhetik von Sonn-tagskleidern sollte später zu einer wichtigen Etappe der Pu-bertät werden. Nieder mit Bügelfalte und Appretur! Die jugendliche Rebellion fiel zusammen mit der flächendecken-den Bestückung der Republik mit vollautomatischen Wasch-maschinen und pflegeleichter Freizeitmode. Sie hatte Erfolg.

Überschuhe

Von László F. Földényi

Wozu es leugnen: Als ich an einem Regentag vor drei Jahren zum ersten Mal meine Überschuhe anzog, fühlte ich mich, als träte ich nicht auf die Straße, sondern auf eine Bühne. Ich genierte mich. Zwar waren im Regen alle auf der Straße mit sich selbst beschäftigt, dennoch schien es mir, als achtete die ganze Straße nur auf mich.

Dabei hatte ich als Kind, in den fünfziger Jahren, bereits etliche Paar Galoschen verschlissen. Die einen hatten Knöpfe, die anderen Schnallen, und ein Paar hatte Reißverschlüsse bis hoch zum Knöchel, obendrein in Weiß, worüber ich mich als Knabe sehr schämte. Damals war es so selbstverständlich, Überschuhe zu tragen, wie es sich heute von selbst versteht, daß man keine trägt. Als ich es vor drei Jahren satt hatte, daß die dünnen Ledersohlen meiner Schuhe schon im Nieselregen sofort durchweichten, dauerte es lange, bis ich mir welche verschaffen konnte. In Budapest fand ich keine, in Berlin ebensowenig. In München gelang es endlich, und zwar in einem Schuhgeschäft, das zu betreten mir sonst nie eingefallen wäre. Der Verkäufer war auch dort so verwundert, als hätte er dergleichen nie gesehen, dann kramte er aus dem Lagerraum doch ein Paar hervor. Hergestellt in Amerika, mit dem Markennamen «Tingley», und laut dem Text auf dem Karton boten die Überschuhe meinen Schuhen Schutz nicht nur gegen den Regen, sondern auch gegen Öl.

Ein oder zwei Jahre später war ich höchst zufrieden, als ich in der «Suche nach der verlorenen Zeit» die Stelle las, wo nach einem Empfang alle im Vestibül über Marcel zu lachen begannen, als er seine – gleichfalls in Amerika hergestellten! – Galoschen anzog. Ein vornehmer Gast half ihm dann mit der Bemerkung aus der Verlegenheit, gelegentlich werde er sich auch welche kaufen. Daraufhin legte sich das Gelächter, was Marcel aber noch mehr verwirrte.

Wenn ich jetzt, fast ein Jahrhundert später, in meine Überschuhe schlüpfe, fühle ich mich wie Marcel. An der Schwelle zum einundzwanzigsten Jahrhundert und umgeben von wasserfesten Wanderschuhen, zuverlässigen Gummisohlen und in Science-Fiction-Filme passenden Sportschuhen, wirken sie ohnehin wie ein Märchenattribut. Aber anders als die Siebenmeilenstiefel verleihen sie nicht Flügel, sondern machen einen eher plump und ungeschickt. Die Füße sind mindestens zwei Nummern größer, ich hebe sie mit Vorsicht und trete anders auf als gewöhnlich. Zuerst verändert sich mein Gang, dann auch mein Gleichgewicht. Meine Überschuhe haben Zauberkraft, unbestreitbar. In ihnen bin ich identisch mit mir und auch wieder nicht. Es ist, als ginge nicht nur ich in ihnen, sondern auch noch jemand anders. Als verdoppelte ich mich.

Aber das gleiche läßt sich auch von den Überschuhen sagen. Sie sind nützlich, und doch benutzt sie niemand mehr. Wenn es regnet, begegnet man ihnen nur vereinzelt. Sofern die Leute nicht gleich ins Auto steigen, holen sie sich lieber nasse Füße oder ziehen, was noch schlimmer ist, nicht Schuhe mit Gummisohlen an, sondern aus irgendwelchem Kunststoff gegossene. Die Überschuhe sind mittlerweile zu einer Kostümierung geworden, die man unmöglich so tragen kann wie etwa einen Regenschirm, der doch ein viel surrealeres Objekt ist als die Überschuhe. Wenn heutzutage von den Gebrauchsgegenständen bis hin zu den Ideen und Gedanken oberstes Kriterium von allem die Stromlinienform ist, dann erinnern die Überschuhe in ihrer Unförmigkeit an eine im Aussterben begriffene Tierart. Sie haben etwas Bedauernswertes und Anrührendes. Andersen, der eine Seele auch in den Gegenständen entdeckte, hätte ein trauriges Märchen über sie schreiben können. In diesem Märchen wären die Überschuhe bestimmt in ein Paar Modeschuhe verliebt.

Die Mode der Überschuhe war, wenn wir Proust glauben dürfen, schon vor hundert Jahren vorbei. Neben ihrer unbestreitbaren Nützlichkeit haben sie sich auch dieses Altmodische bis heute bewahrt. Sie sind etwas Gegenwärtiges, und gleichzeitig verkörpern sie das Vergangene. Genauer: das Vergängliche. Sie schützen meine Schuhe und sind doch selber höchst schutzlos. Ihrer Form nach sind sie Schuhe, aber Schuhe kann man sie eigentlich nicht nennen. Sie sind, und doch sind sie nicht. In ihnen geistert auch das Fehlen, das wie ein Schatten die Geschichte der Kleidung und der Mode begleitet. Sie sind das Opfer eines unaufhaltsamen, auch sich selbst gegenüber unnachsichtigen Prozesses.

Wenn ich sie trage, schreite ich nicht nur in ihnen, ich schwimme auch. Gegen den Strom. Kein Wunder, wenn ich angegafft werde. Verständlich auch, daß ich mich geniere, wenn ich sie trage. Ich fühle mich dann mit Peter Schlemihl verwandt. Er verzichtet auf seinen Schatten, und mir ist in diesen Schuhen, als hätte ich zwei Schatten.

Aus dem Ungarischen von Hans Skirecki

Der letzte Schuhputzer

Von Moritz Rinke

Auf dem Alexanderplatz in Berlin steht ein großer Stuhl an der Außenwand der Bahnhofshalle. Ein braungebrannter Mann mit Lappen, Bürsten, diversen Schuhen und Dosen steht davor. Er ist der letzte Schuhputzer von Berlin.

Ein kleiner Junge hat jetzt auf seinem Stuhl Platz genommen und hält feine Lackschuhe hin. Als der Putzer seinen Lappen nimmt und zu arbeiten und zu polieren beginnt, beginnen auch die Augen des Jungen zu glänzen. Ein stolzes Lächeln liegt auf seinem Gesicht, und sein Blick sucht jetzt die Beobachtung der Passanten. So habe ich das einmal in Rio de Janeiro gesehen. Einige Geschäftsmänner, die sich in belebten Straßen auf den erhöhten Stuhl setzen, vor ihnen kniet der Putzer, und sie sitzen da wie Herrscher und genießen die Blicke der Passanten, von denen sich die meisten wahrscheinlich selber die Schuhe putzen müssen.

Als der Junge auf dem Berliner Alexanderplatz dann meinen Blick bemerkt, zieht langsam Röte in sein Gesicht. Schnell verschränkt er die Arme vor der Brust, wendet den Kopf zur Seite, leicht in den Himmel gerichtet. Der Schuhputzer arbeitet, schwitzt, poliert, und der Junge strahlt, triumphiert und thront jetzt wie ein kleiner König.

Plötzlich hat der Putzer seine Arbeit beendet, hebt die kleinen dreckigen Füße des Jungen aus den glänzenden Schuhen, reiht das geputzte Paar in die Reihe anderer, nimmt den

Jungen aus dem hohen Stuhl und setzt ihn zwischen die Schuhe auf das Pflaster.

Ja, so arbeiten die Schuhputzer mit ihren kleinen Söhnen in China und in Lateinamerika. In Berlin sind die beiden seit gestern. Sie kommen aus einer Schuhputzerfamilie in São Paulo. Und in Berlin sind sie bestimmt die letzten.

Fahren und Klettern

Die Überwindung der Zäune

Von Péter Esterházy

Das Römerbad ist ein Außenbezirk von Budapest, und die wichtigste, die essentielle Eigenheit am Strand des Bezirkes ist – oh, nicht etwa, daß auf diesem Gebiet von Zeit zu Zeit Steine aus der Römerzeit gefunden werden, und auch nicht die legendären Platanen oder die berühmte freundliche Umgebung und nicht einmal der Umstand, daß sich die große Rasenfläche hervorragend für Fußballspiele eignet, obwohl dies autobiographische Bezüge enthält, gemeint ist auch nicht die nennenswert steigende Zahl der Rutschen, nein, das sine qua non am Strand vom Römerbad ist, daß es der Strand vom Römerbad ist, in concreto, daß es sich uns gegenüber befindet.

Gegenüber von dem Haus, in dem ich seit mehr als vierzig Jahren wohne. Auf die Frage, weshalb man so riesenhafte Berge besteigt, sagt die tiefe (hohe?) Weisheit der Bergsteiger: weil die Berge da stehen. Diesen Gipfel aller Weisheit und Tradition haben wir als Kinder instinktiv sofort entdeckt und sind ganz ohne Gedanken über den vor uns stehenden (existierenden) Strandzaun geklettert. Keinen Augenblick kamen wir in die Versuchung, Umwege zu machen und Eintrittskarten zu kaufen, doch waren unsere Überlegungen nicht finanzieller Natur (oder nur in letzter Linie), sondern anthropomorpher Art, wir sahen, daß die Welt so sei, daß die Menschen darin so seien, daß sie über die Zäune des Strandbades klettern.

Kaum war nach 1956 das Land aus seiner Benommenheit nach der niedergeschlagenen Revolution erwacht – genauer gesagt, hatte es das dabei verursachte wirkliche Entsetzen gerade erst in Kleingeld eingewechselt –, da sprangen wir bereits fröhlich über jene Zäune. (Die Geschichte der Kletterei beziehungsweise die dramatische Geschichte über den Körper, wie sich das beschwingte Hopp in einen angestrengten, verschwitzten Plumps verwandelte, werde ich jetzt nicht erzählen, das ist die allgemeine Geschichte des Älterwerdens, und in diesem Zusammenhang verschwindet Tausenderlei aus unserem Leben ... Ich kenne jemanden, der nimmermehr Schuhe mit Schnürsenkeln kauft, weil sich das sogenannte Sich-bücken-Können aus seinem Leben geschlichen hat, so daß er bei einem gelösten Schnürsenkel vor einer unlösbaren Aufgabe stehen würde ...) Das Strandbadzaunüberklettern rückte später dann ins Zentrum unserer erzieherischen Grundsätze (eine zweite moralische Säule war die Auflage, die Spülmaschine auszuräumen): Mein lieber Sohn, zum Strand gelangt man über den Zaun, indem man dort hinüberklettert, tertium non datur! Und das funktionierte tatsächlich! (Ausgenommen das Ausräumen der Geschirrspülmaschine.) Fleißig erkletterten unsere Sprößlinge besagte Einrichtung, während die laue Diktatur des real existierenden Sozialismus allmählich faulte. Doch im Sommer, bei starker Sonneneinstrahlung, war das kaum sichtbar.

Und dann grüßte uns die Freiheit. Der Sommer aber veränderte sich nicht, er kam. Die Kinder wollten nun immer noch zum Strand gehen, doch gingen sie nicht, sie riefen mich, damit ich mir die Situation einmal anschaue. Es gab nämlich eine Situation. Da schau her: Die neue (nun demokratische) Führung des Strandbades verhinderte das profitsenkende, illegale Eindringen und hatte infolgedessen Wächter mit

Hunden unter Vertrag gestellt. Beziehungsweise patrouillierten rund um den Zaun mehr oder minder uniformierte, sehr starke, sicher aber breitschultrige junge Männer mit Deutschen Schäferhunden – es brauchte nicht viel bösen Willen, um dabei an Filme über den Zweiten Weltkrieg zu denken. Der Strand, der theoretisch ein Ort der Nacktheit, der Freiheit und des lockeren Umgangs ist, hat sich, übertrieben gesagt, in ein Lager verwandelt. Und seither ist das immer noch so. Menschen, die über die Strandzäune des Römerbades klettern, kann man nicht mehr sehen. Diese Bewegungsart ist vom gesamten Globus verschwunden. Der wirkliche Verlust aber ist nicht etwa, daß es das Hopp nicht mehr gibt und selbst das Aufplumpsen nicht, sondern daß es keine Menschen mehr gibt, die über jene Zäune springen oder sich durch sie hindurchzwängen würden. Das heißt: Das Menschengeschlecht hat sich verändert. Die neue Art der Bewegung, die nun in der Welt aufgekommen ist, ist nicht besser und nicht schlechter als die alte, nur geht es um andere Dimensionen; neu ist, daß der Vater beklommen und verdrießlich das Geld aus seinen Taschen kramt.

Aus dem Ungarischen von Zsuzsanna Gahse

Zwischengas

Von Thomas Hettche

Ich habe keine Ahnung, wie es sich anfühlt, wenn man Zwischengas gibt. Ich habe auch niemals in einem PKW gesessen, bei dem man hätte Zwischengas geben müssen. Ich habe nicht einmal einen Film gesehen oder auch nur eine Beschreibung gelesen, die anschaulich gemacht hätte, wie es vor sich geht, Zwischengas zu geben. Und doch habe ich eine ganz konkrete Vorstellung von dem, was sich hinter diesem Wort verbirgt, verbinde auch eine bestimmte Empfindung damit. Und so kam es mir nicht als Lüge vor, gleich im ersten Kapitel meines Romans «Der Fall Arbogast» folgenden Satz zu schreiben: «Als er vor einer kleinen Brücke abbremste, Zwischengas gab und seine Hand von ihrem Sitz nahm, um herunterzuschalten, rückte sie nah an ihn heran.» Doch woher speist sich diese Empfindung? Daher: Alles stirbt zweimal. Zuerst seinen eigenen Tod, unabänderlich und konkret. Später dann jenen anderen im Bewußtsein der Überlebenden. Und die meisten Dinge, die uns umgeben, siedeln in der Sphäre dazwischen. Die Weise, in der wir sie wahrnehmen, ähnelt ein wenig den Nachbildern des Realen, wenn wir die Augen schließen. Nur, daß der Augenblick jenes Nachlebens sich oft nach Dezennien bemißt. Oder, im Nachhall einer Mode, nach dem Takt einer Saison. Stets ist es aber beruhigend, wie sich das Geräusch jenes doppelten Sterbens im Hallraum unseres Gedächtnisses bricht. Denn dieses Echo mißt den Raum aus, der uns umgibt. Solange noch jedes seinen zwiefachen Tod hat, muß einem ums Menschliche nicht bang sein. Erst, wenn wir einmal gänzlich erinnerungslos eingeschlossen sein sollten, wird es diesen Raum für unseren Schrei nicht mehr geben. Es ist der Raum, in dem sich alles langsam vom Realen zum Erfundenen wandelt, um schließlich zu vergehen. Und mir scheint, das Zwischengas ist nun, ein halbes Jahrhundert nach seinem realen Tod, ganz kurz davor, aus diesem Geisterraum zu verschwinden. Zwar läßt das Wort sich sagen, doch fast schon nicht mehr. Noch ahne ich die Bewegung und stelle mir vor, wie man beim Gangwechsel – den linken Fuß auf der getretenen Kupplung, die eine Hand am Lenkrad, die andere am Schalthebel – mit dem rechten Fuß vorsichtig das Gaspedal tritt, bis das Getriebe synchronisiert ist. Dieses Tänzeln ist ein letzter Überrest davon, daß Autofahren einmal die tatsächliche Beherrschung einer Maschine bedeutete. Und wohl weil sie – in meinem Roman – das spürte, rückte sie nah an ihn heran.

Holländer, Norweger

Von Frauke Meyer-Gosau

Von Winterende bis Winteranfang lagen sie auf dem Dachboden: lange, nicht zu schmale Kufen, in der Mitte der Unterseite verlief eine enge Rille, nach vorn hin drehte sich das Eisen hoch und dann, in einer dreifachen Windung geschnörkelt, wieder einwärts, so daß es von der Seite aussah wie der Querschnitt einer ziemlich massiven metallenen Schnecke. Auf die Kufen war ein poliertes Holzstück in angedeuteter Fußform montiert, das, der Schnecke gegenüber, eine Lederkuppe trug. Sie glich dem sauber ausgeschnittenen Hacken eines hellbraunen Halbschuhs, durch vier Ösen zogen sich lange Lederbänder. Ich, das Kind, schnallte mir die Installation unter meine Straßenschuhe, Größe 27, und kippte sofort um. Ich hatte die Schlittschuhe ja aber auch gar nicht anziehen, ich hatte sie nur vom Dachboden herunterholen sollen, denn immer zu Beginn des Winters mußten sie neu geschliffen werden. «Hol mal die Holländer vom Boden», sagte meine Mutter, wenn es kalt wurde, und dann blickte sie, wie jeden Winter, mißvergnügt auf das schmiedeeiserne Schnörkelkunststück am vorderen Kufenende. «Kein Zweig, der da nicht hängenbleibt», sagte sie erbittert, «und dann» – sie schlug die Handflächen aufeinander – «bumm! Schnickschnack, Kunstgewerbe.»

Die Holländer hießen Holländer, weil man auf ihnen über geflutete, überfrorene Viehweiden und Gräben – «Fleete», sagte mein Großvater, «Fleete heißen die» – bis nach Holland laufen konnte. Oder aber, weil die Holländer, die über die größten Eisflächen der Welt verfügten – «das ganze Land ist im Winter eine einzige Eisbahn, stell dir das bloß mal vor» –, sie erfunden hatten, um bei Eiseskälte nicht zu Fuß gehen zu müssen. Sondern rasend schnell voranzukommen, wusch, wusch, um die Städte herum, von einer Stadt zur anderen, sogar bis in andere Länder hinein. Das war die Lesart meines Großvaters, und der mußte es wissen. Er war selbst Hollandfahrer und natürlich Mitglied im Bremer Eisverein von achtzehnhundertirgendwas, welcher wiederum die Eisfahrten auf Holländern nach Holland ausrüstete und immer dafür sorgte, daß die Langstrecken im Deichvorland sorgfältig geschippt und gefegt wurden, wenn Schnee darauf gefallen war. «Schnee bremst», sagte mein Großvater. «Gleich liegste flach.»

Weder meine Mutter noch meinen Großvater hatte ich allerdings je auf dem Eis flachliegen oder dort – «bumm!» – etwa hinfallen sehen. Den großen alten Mann hatte ich überhaupt nie auf Kufen gesehen, nicht jedenfalls mit eigenen Augen, sondern immer nur in seinen Geschichten. «Das nun wieder! Nee, Gustav!» ächzte meine Großmutter, wenn der Großvater zu Winterbeginn die Schlittschuhe und die Lederkuppe einzufetten und dabei zu erzählen begann. Wie das Eis geknackt hatte. Wie gefährlich das war. Und alles ausschließlich eine Frage des Tempos. «Du mußt einfach rasend schnell sein!» sagte er. «Schneller, als das Eis Zeit hat, unter dir einzubrechen. Und dazu», sagte er, «nimmst du dir ein Bettlaken» – meine Großmutter stöhnte –, «das spannst du hinter deinem Rücken auf – so!» Er sprang auf und demonstrierte die Bettlakenbewegung mit weit ausgespannten Armen. «Oder so!» Er riß seine Arme seitlich herum und kreuzte, meine Großmutter rief: «Gustav!» «Wenn du soweit bist», sagte er und ließ sich wieder im Sessel nieder, «machen wir das zusammen.

Von Bremen nach Amsterdam: Holländer, Rucksack, Bettla- .
ken. Und Tee mit Rum.» Meine Großmutter verließ den Raum.

Aber ich kam nie soweit. Meine eigenen Holländer waren
angemessen klein, doch die Skistiefel, die ich darauf befesti-
gen mußte, paßten nicht in die Kuppe, sie wackelten auf dem
schmalen Holzbrettchen hin und her, und die Lederriemen,
die kreuzweise über das untere Drittel der Wade hochge-
schnürt wurden, lockerten sich nach kürzester Zeit und
sanken schließlich, die Hosenbeine hinab, auf die Stiefel.
Während meine Mutter auf ihren Zweigfängern in bequemen,
weiten Schwüngen übers Eis segelte, kippelte und stakste ich
mit eisigen Füßen am Rand herum. Überhaupt wollte ich ja
die Modernen, die Metallenen zum Anschrauben, den geflü-
gelten Schlüssel trug man an einem Band um den Hals! Und
irgendwann kamen dann die knöchelhohen weißen Stiefel mit
den kurzen, fest unter die Sohle geschraubten Kufen, und
mein Großvater starb, ohne daß wir mit einem zwischen die
Fäuste gespannten Bettlaken auf Holländern nach Holland
gefahren wären.

Das fiel mir eben wieder ein, während ich auf dem Dachboden, des Umzugs wegen, nach meinen Norwegern mit den
weichen schwarzroten Stiefeln suchen mußte, die mir vor fast
zwanzig Jahren mit der lakonischen Bemerkung «dreimal so
schnell wie Holländer» mein Vater geschenkt hatte. Und mitten im Mai, während draußen in Strömen der Regen herun-
terrauschte, hörte ich das Zischen der millimeterdünnen, un-
terarmlangen Stahlkufen, auf denen ich, schneller, als das
Eis unter mir wegbrechen konnte, über den tauenden Wann-
see geflogen war. Wie man ohne ein Bettlaken bremst, hatte
mein Großvater mir leider zu sagen vergessen. Und überhaupt fährt Norweger außer mir wahrscheinlich auch längst
keiner mehr.

Hören und Sehen

Radio Beromünster

Von Karl-Heinz Ott

Immer schon, seit ich denken kann, stand er auf der Kommode, als sei er mit ihr verwachsen, der hellbraune Holzkasten mit der gerippten Stoffbespannung, den elfenbeinfarbenen Drehknöpfen und Tasten und jenem türkisgrünen Licht, das beim Einschalten erst nach und nach aufzuleuchten begann. Wenn man auf Mittel- und Langwelle einen Sender suchte, quietschte es ohrenbetäubend, als gleite man durch den gewittergepeitschten Äther, aber meist hörten wir in unserem Schaub-Lorenz-Radio nur UKW. Samstagnachmittags verpaßten wir – zwischen Hausputz und Strassenkehren – nie Oscar Heiler und Willy Reichert («So so, der Häberle» – «Ja ja, der Pfleiderer»), alljährlich an Heiligabend lauschten wir der Herbergssuche («Wer klopfet an?» – «Zwei arme Leut!»), und jahrelang dirigierte ich, vor dem Radio stehend, die Märsche, Walzer und Polkas mit, als gehorchten die Musikanten meinem Einsatz.

Diese Ereignisse gehören zur fernsehlosen Zeit meiner Kindheit. Bedeutender als sie aber erschien mir immer ein Name, der zwischen Dutzenden anderer auf der Lang- und Mittelwelle-Tabelle zu finden war, aber im Unterschied zu Berlin, Radio Vatikan und Moskau weder in der Sonntagspredigt noch in der Zeitung und auch bei den Gesprächen der Erwachsenen nie vorkam: Beromünster. Im Rücken des Radios lagen unendliche Weiten, die mit dem Aufglühen der gläsernen Röhren zu leben begannen, und Beromünster barg für mich unter allen Orten, die in diesem Universum existierten, das größte Geheimnis. Es kann sein, daß für uns dieser Sender vor allem von pfeifenden Störgeräuschen umhüllt war, was aber keine Rolle spielte, weil mich nicht sein Programm, sondern der Name über Jahre hinweg rätseln ließ, was es mit diesem Beromünster auf sich haben könnte. Dabei wollte ich vermutlich gar nicht wirklich erfahren, wo dieser Ort liegt.

Als ich mir viel später, bereits als Erwachsener, ein Fahrrad der Marke Sursee kaufte, klärte mich die Verkäuferin auf, es handle sich um eine Schweizer Firma, die in dem gleichnamigen Ort ansässig sei. Ich schaute im Atlas nach und entdeckte, daß Beromünster nicht weit davon entfernt liegt. Seither ist es mit der Aura dieses Namens vorbei. Das heißt: Ein wenig schwimmt Beromünster immer noch droben im Äther. Ein wenig ist es immer noch ein ortloser Ort und kein auf der Landkarte verzeichneter Fleck. Ein wenig liegt Beromünster immer noch in einem märchenhaften Mittelalter und fast außerhalb der Welt. Vielleicht gibt es dort, auch wenn es in den Lüften liegt, immer noch Turmbrücken und Pflastersteingassen; vielleicht liegt Beromünster aber auch, von Licht und Weite umgeben, gleich einer Oase in der Wüste; vielleicht ist es eine Art Atlantis, das damals, in meiner Kindheit, noch nicht versunken war. Ich weiß nicht, welche Bilder ich mir, als es noch existierte, von Beromünster gemacht habe. Die Aura dieses Namens bestand vermutlich gerade in der Ahnung, daß bei seinem Klang die Einbildungskraft nie von einer Wirklichkeit gebremst werden kann und die Phantasie sich dieses Wort als eine blühende Leerstelle bewahren darf, um sie mit immer neuen, stets ein wenig ungreifbaren Bildern zu besetzen.

Seit ich weiß, wo Beromünster liegt, bin ich fast enttäuscht. Im Grunde wollte ich mir diesen unsichtbaren, nur aus Stimmen, Geräuschen und Musik bestehenden Ort als Geheimnis bewahren. Ich bin dankbar dafür, daß es diesen Sender nicht mehr gibt und ich von seinem Programm nicht mehr enttäuscht werden kann. Radio Beromünster gehört zu meiner Kindheit, genauer gesagt: Es gehört zu den flirrenden Filmbildern, die sich als Erinnerungen ausgeben und die das Vergangene in Bewegung halten. So bleibt Radio Beromünster ein Versprechen, das keiner Einlösung harren muß.

Das Autokino

Von Stephan Krass

Der Mann hieß Karl, und er ging einer Tätigkeit nach, die in dem schulverdrossenen Quartaner, der ich war, einen ausgeblendeten Sehnsuchtsraum öffnete. Karl war Kraftfahrer. Nicht einfach Fahrer, sondern Kraftfahrer. Er bewegte schweres Gerät, bezwang weite Strecken und kannte sich mit Maschinen aus. Als Karl mich zum Wochenende ins Autokino einlud, war die Erwartung riesig. Zwar gehörte seit einiger Zeit ein Fernseher zu unserem Haushalt, doch die Gründe, den Konsum streng zu rationieren, waren zahlreich: schlecht für die Augen, schadet der Konzentration, untergräbt das Familienleben, tötet die Phantasie. Galt der Kinobesuch schon als Eingeständnis mangelnder Imaginationskraft, so kam beim Autokino noch ein Moment sozialer Distinktion hinzu. Das Drive-in-Kino war nicht gesellschaftsfähig, es hatte etwas anrüchig Proletarisches. Jeder pädagogische Surplus mußte schon an der anmaßenden Präsentationsform scheitern. Autokino war schlicht exterritorial. Bigger than life.

Karl war ein Fan von Eddie Constantine. An den genauen Titel des Films, den wir im Autokino sahen, erinnere ich mich nur undeutlich. Er lautete etwa: «Blondinen, Blut und blaue Bohnen», und sprengte sowohl in inhaltlicher wie in ästhetischer Hinsicht so ziemlich alles, was häusliche und schulische Erziehungsmaßnahmen in mir implementiert hatten. Auch an das Ambiente des Drive-in-Kinos kann ich mich nur noch schemenhaft erinnern. Wir starrten durch die frisch geputzte Windschutzscheibe von Karls Opel Kadett auf eine Riesenleinwand, aßen Schokoriegel und redeten kaum. Als ich zu Hause erzählen sollte, wie es gewesen sei, fiel meine Antwort äußerst knapp aus. Toll war es. Ich hatte einfach keine Parameter, um dieses Erlebnis darzustellen. Erst als junger Publizistikstudent hat mich das Autokino wieder eingeholt. Diesmal von der anderen Seite der Leinwand. Schuld daran war Peter Bogdanovich.

Langsam schiebt sich der Lauf eines Gewehrs mit aufgesetztem Zielfernrohr von hinten durch die Leinwand des vollbesetzten Drive-in-Kinos. Der Schütze hockt in dem Metallgestänge hinter der großformatig aufgespannten Leinwand. Während die Zuschauer im Wageninnern gebannt dem Geschehen auf der Leinwand folgen, blickt das kalte Auge des Zielfernrohrs zurück in die zum Wohnzimmer umstilisierten Interieurs der sauber aufgereihten Automobile. Angetrunkene Bierdosen und halbleere Popcorn-Becher stehen auf dem Armaturenbrett, eine Lautsprecherbox mit Heizluftdüse baumelt am Seitenfenster, das Kind auf dem Rücksitz schläft.

Die Besucher des Drive-in-Kinos verfolgen auf der Großbildleinwand einen Horrorfilm mit dem Frankenstein-Darsteller Boris Karloff. Durch die Frontscheibe dringt das Schreckensszenario in den Weltinnenraum der parkenden Autos. Doch die reale Gefahr geht von dieser kleinen Öffnung in der Leinwand aus, durch die immer noch der Lauf des Gewehrs ragt. Der Schütze kann sich nicht satt sehen an dem harmlosen Idyll, das die Insassen in ihren Fahrzeugen errichtet haben, an ihrer unschuldigen Vergnügungssucht, die sie blind macht für den alltäglichen Terror. Und dann wird der triviale Schrecken auf der Leinwand zu einer schrecklichen Trivialität inmitten der ahnungslosen Kinogemeinde.

Der Schütze hinter der Leinwand nimmt sein erstes Opfer ins Visier und drückt ab. Es wird nicht der letzte Schuß bleiben. Am Ende ist es der Horrorfilmstar Boris Karloff, der an diesem Abend Ehrengast des Autokinos ist und den Scharfschützen hinter der Leinwand entdeckt. Schließlich steigt der greise Filmheld die Sprossen des Metallgerüsts hinauf und kann den *gunman* zur Aufgabe überreden.

Das Film-im-Film-Motiv von Bogdanovichs «Targets» aus dem Jahre 1968, die kalkulierte Darstellung des Einbruchs von Gewalt in die Traumwelt eines arglosen Kinopublikums, die souveräne physische Präsenz des Schauspielers Boris Karloff und die überraschenden Perspektivenwechsel zwischen der Vorder- und der Rückseite der Leinwand haben die Entscheidung des jungen Studenten, ein Cineast zu werden, erheblich beflügelt. «Targets» wurde für mich zu einem Schlüsselfilm, weil ich plötzlich die Entdeckung machte, daß eine Leinwand zwei Seiten hat und beide innerhalb desselben Imaginationsraums reflektiert werden können. Leider hat Bogdanovich an die raffinierte intellektuelle Konstruktion dieses Films nicht wieder anknüpfen können. Aber auch die Erfolgsstory der Drive-ins war bereits in den Zustand der Geschichte eingetreten. Auf den asphaltierten Arealen am Rande der amerikanischen Vorstädte schlossen immer mehr der einstmals legendären Freilichtkinos, und die Natur eroberte sich das Gelände zurück.

In der Geschichte des amerikanischen Films ist die Ur-Szene des Autokinos genau verortet. An einem Maiabend des Jahres 1933 stellte ein gewisser Richard Milton Hollingshead in New Jersey einen Projektor auf sein Autodach, richtete das Objektiv auf sein Garagentor und schaute sich vom Fahrersitz aus einen Film an. Noch im selben Jahr eröffnete Hollingshead das erste Autokino der Welt. In der Blütezeit der

Drive-ins konnten Tausende von Zuschauern von ihren Autos aus auf einer Leinwand, mit der man mühelos das Schwimmbecken einer städtischen Badeanstalt hätte abdecken können, dem Filmgeschehen folgen. Hunderte von Zapfsäulen versorgten jeweils zwei Autos mit Filmton und Warmluft. Auch Speisen und Getränke konnten über Kabel geordert werden.

In Europa hat sich das Autokino nie wirklich durchsetzen können. Während in den Innenstädten der ausgehenden Nachkriegszeit das große Filmtheater-Sterben begann, sollte in den Industriebrachen der Vorstädte das Lichtspiel seine Auferstehung feiern. Doch das Publikum blieb aus. Die Freiluftvorführung war dem traditionellen Kinogänger suspekt. Der Illusionsraum eines mitteleuropäischen Kulturbürgers braucht vier stabile Außenwände und ein Dach, keinen weiten Horizont und Hot dogs. Für den Niedergang des Drive-ins in den USA aber waren viel profanere Gründe verantwortlich. Fast 5000 Autokinos zählte der amerikanische Kontinent, als Anfang der sechziger Jahre die Pleitewelle begann. Die Erschließung von Wohnland vor den Toren der grossen Ballungsräume trug ebenso dazu bei wie der technische Fortschritt im Automobilbau. Mit der Umstellung von Lenkradschaltung auf Knüppelschaltung verlor das Auto eine wesentliche Eigenschaft im dunklen Geviert des Outdoor-Kinos: Es taugte fortan nur noch bedingt als Ort der Lust.

Für die Teenager der fünfziger und die Halbstarken der frühen sechziger Jahre war das Leinwandgeschehen ohnehin die schönste Nebensache der Welt. Die besonders beliebte letzte Wagenreihe ohne Hintermann – die sogenannte *love lane* – ließ man sich gerne einen Aufpreis kosten. Als alle Interventionen des Verbandes der amerikanischen Drive-in-Betreiber zur Rettung der durchgehenden Vorderbank und der Lenkradschaltung gescheitert waren, blieb auch das Autokino auf der Strecke. Dem Doppelschlag von Maklern und Technikern war es nicht gewachsen. In den Weiten der amerikanischen Provinz haben immerhin einige imposante Ruinen, die wie vergessene Saurier in die offene Landschaft ragen, überlebt. Als wirklicher Verlust muß aber das Verschwinden jenes Drive-ins in Florida angezeigt werden, das sein Besitzer liebevoll «Insel des Blicks» – «Isle of view» – nannte. Wenn man es etwas anders intoniert, hört es sich an wie «I love you». Vermutlich sind die deutschen Autokinos nicht zuletzt an dem lieblosen Pragmatismus ihrer Betreiber zugrunde gegangen. Das Autokino, das ich mit Karl besuchte, hieß «Am Zubringer Espelkamp Nord».

Die Langspielplatte

Von Manfred Papst

Nicht von der Fülle des Wohllauts, der Hans Castorp sich im «Zauberberg» verschrieb, ist hier die Rede: nicht von schweren, zerbrechlichen Schellackplatten in Ständern oder Futteralen, von emaillierten Döschen voller Ersatznadeln und dem schwindelerregenden Tanz von 78 Umdrehungen pro Minute, auch nicht – mit einem Sprung von den Roaring Twenties in die Rocking Fifties – von der knallbunten Welt der Singles, mit und ohne Stern in der Mitte, 45 Touren, zwei mal zweieinhalb Minuten Seligkeit. Es geht hier um die Langspielplatte, Stereo schon meistens, Durchmesser 30 Zentimeter, 33 Umdrehungen pro Minute. Einige Jahrzehnte lang galt sie als «state of the art» und, ähnlich wie Eßbesteck, Buch oder Fahrrad, als nicht mehr wesentlich verbesserbar. Dann machte die CD ihr den Garaus. Weder die Nischenwelt der Rapper und Scratcher noch jene der audiophilen Geheimbündler kann seither darüber hinwegtäuschen: Die Zeit der Schallplatte ist vorbei.

Gern sagt man, das digitale Prinzip habe das analoge besiegt. Aber darum geht es nicht. Denn zum einen hat die Schallplatte sich in den letzten Jahren vor ihrem Untergang noch damit großgetan, daß sie neuerdings digital produziert werde. Von der Deutschen Grammophon Gesellschaft bis zu Sony versahen sämtliche Labels ihre Umschläge mit den entsprechenden Balken. Doch weiten Teilen der Menschheit ist der Unterschied zwischen analog und digital vermutlich ebensowenig klar wie der von Jambus und Trochäus, Sunniten und Schiiten, Backbord und Steuerbord. Trotzdem kaufen alle Compact Discs. Warum?

Inzwischen einfach, weil es fast nichts anderes mehr gibt. Damals aber, in den achtziger Jahren, als die Schlacht geschlagen wurde, geschah es, weil sie schick waren, handlicher und strapazierfähiger, weniger Stapelplatz brauchten, sich leichter bedienen ließen, kaum mehr kosteten und besseren Klang versprachen. Über den letzten Punkt freilich stritten die Experten, und sie streiten heute noch. Die Klangtransparenz, heißt es, gehe auf Kosten der Klangwärme, man habe sich zu entscheiden zwischen Plüschbar und Operationssaal. Wie dem auch sei: Die meisten Vinylsammlungen sind inzwischen auf den Estrich oder in den Keller, auf den Flohmarkt oder ins Schallplattenantiquariat gewandert.

Was aber haben wir mit ihnen verloren? Eine ganze Welt. Denn die Langspielplatten knisterten. Und zwar knisterten sie nicht erst, wenn sie abgespielt wurden, sondern schon, wenn man sie aus in der Hülle nahm. Man konnte sich, je nach Innenhülle und Pullover (Nicki!), leicht an ihnen elektrisieren. Pingelige Menschen wischten sie deshalb mit antistatischen Tüchern ab, die es im «Fachgeschäft» gab. Berühren durfte man die schimmernden Scheiben nur an den Rändern. Jeder Fingerabdruck malte sich ab, wurde hörbar. Die Nadel, Saphir oder Diamant, setzte sich mit leichtem Seufzen auf, gleichgültig, ob ihr ein behutsamer Daumen oder ein hydraulischer Lift auf die Rille half. Die Bewegung wollte gelernt sein. Auch einzelne Stücke oder «schöne Stellen» wurden nicht per Knopfdruck angewählt. Sie aus der Höhe zu treffen erforderte Geschick, eine falsche Bewegung konnte die Platte ruinieren. Allerdings gab es auf ihr auch noch mehr zu sehen als auf den kalten Silberscheiben, nicht nur die

Zwischenrillen, sondern auch laute und leise Passagen: Die leisen glänzten dunkler.

Selten war der Klang konstant. Gegen Ende der Plattenseite nahmen die Verzerrungen zu: am empfindlichsten bei Klavieraufnahmen, besonders bei langen Laufzeiten (die man im übrigen stolz vermerkte; jeder Sammler hatte seine persönliche Rekordplatte, mit zweimal gegen dreißig Minuten war man schon ganz vorn dabei).

Daß die Platten zwei Seiten hatten, spielte, zumal im Pop, für die Dramaturgie eine wichtige Rolle. Heute ist «Heartbreaker» einfach Track 5 auf Led Zeppelin 2, «Midnight Rambler» Track 6 auf «Let It Bleed», «Here comes the Sun» Track 7 auf «Abbey Road»: Es sind irgendwelche Stücke in einem linearen Ablauf. In der LP-Zeit waren sie die ersten Stücke auf der zweiten Seite. Das war wichtig. Keine Band begann die zweite Seite mit irgendeinem Song.

Nicht zu vergleichen mit den CD-Booklets, die immer etwas von Pixie-Büchern haben, waren die Umschläge und die Beiblätter oder Beihefte der Langspielplatten. Die Klassik-Labels lieferten in ihrem voluminösen Kassetten oft ganze Volkshochschulkurse mit. Im Pop aber fand die Kunst statt. Da konnten sich Künstler wie Warhol (Velvet Underground, Rolling Stones) Giger (Emerson, Lake and Palmer) oder Roger Dean (Yes) natürlich ganz anders austoben als im lächerlichen CD-Format mit den winzigen Liner Notes. Es wäre übrigens einmal eine Untersuchung wert, wie eng der Triumphzug der CD mit dem der Lesebrille zusammenhängt.

Das «White Album» der Beatles zum Beispiel enthielt ein Poster mit sämtlichen Texten, Format 58 x 86 Zentimeter; dazu die großformatigen Photos der Fab Four auf hochwertigem Papier; die Originalausgabe des Jethro-Tull-Albums «Thick As A Brick» bestand aus einer großformatigen Zeitung von 12 Seiten – mit Beiträgen vom politischen Bericht übers Kreuzworträtsel und die Leserbriefe bis zur Besprechung der Platte selbst. In diese Umschläge konnte man sich stundenlang vertiefen. Doch auch schlichte Photos wie jenes von Miles Davis auf «Kind of Blue» oder von Keith Jarrett auf dem «Köln Concert» wären im Taschenformat kaum zu den Ikonen geworden, die sie sind. Das große quadratische Format galt allein schon als klassisch. Und jedes Plattengeschäft führte eigene Plastiktüten, in die eine LP hineinpaßte wie eine Hand in einen Handschuh; nichts da von den heutigen Labbersäckchen, in denen eine oder zehn CDs herumrutschen.

Schallplatten hatten immer ihre kleinen Fehler. Manche eierten, auch wenn man sie nicht in der Sonne vergessen hatte. Vor allem aber alterten sie mit ihren Besitzern. Jedes Abspielen hinterließ seine Spuren. Die Nadel grub sich ein. Mit der Zeit wurde das Vinyl von einem Muster an winzigen Kratzern überzogen, das an das Craquelé auf den Bildern alter Meister erinnerte. Winzige Staubpartikel lagerten sich in ihm ab. Wer sie im lauen Wasserbad entfernte, bereute es nicht selten: Denn man restaurierte so nicht nur den Klang der Musik, sondern auch das Knistern, Kratzen und Rumpeln. Die Farben der Umschläge verschossen, die dem Tageslicht zugewandten Rücken wurden blaß, auf die Textblätter legte sich ein sanfter Gilb, die plastikbeschichteten Innenhüllen wurden spröde und brüchig. LPs unterlagen dem Zyklus von Werden und Vergehen.

Das alles schien gegen sie zu sprechen. Erst heute, wo wir von der schönen neuen Welt der unzerstörbaren CD umstellt sind, sehnen wir uns nach dem Unvollkommenen und Vergänglichen – zum Beispiel nach der Stelle, an der die Nadel nach schwerem Knacken einen winzigen Hüpfer tat und unter Auslassung eines halben Taktes ihren Lauf fortsetzte wie ein Rennfahrer, der eine schwierige Passage gerade noch gemeistert hat. Und schließlich lag im Vergänglichen eine Unendlichkeit, die der CD versagt bleibt: In die letzte Rille des epochalen Beatles-Albums «Sergeant Pepper's Lonely Hearts Club Band» ist – welch ein Einfall! – eine kleine Endlos-Musiksequenz gepreßt worden. Von ihr können lediglich einige beispielhafte Minuten auf CD gebrannt werden. Die können einem zwar auch schon recht lang vorkommen; echte Ewigkeit gibt es aber nur auf LP.

Luft und Liebe

Nicht zustellbar

Von Friederike Kretzen

Es war ein kleines, kugeliges Schweinchen mit glücklichen Augen, und in seiner Schnauze trug es einen Pfennig, den es zu Silvester überbrachte, dem Glück des nächsten Jahres als Tribut gezollt. Das Schweinchen war aus Marzipan, ein tolles Tier, ein Abgesandter nicht aus dem Osten, sondern aus der Mitte des Westens, der ja nie so sehr in seiner Mitte ist wie zwischen Weihnachten und Neujahr. Kurz: Das Schweinchen, rund, prall, glatt, kam direkt aus dem Schlaraffenland. Das es weniger vertrat, als daß es dieses verkörperte. Ach, wäre doch die Welt unfaßbar eßbar, schien es uns zuzurufen, wenn es auf dem bereits wieder leer gewordenen Gabentisch neben dem Weihnachtsbaum stand und auf das neue Jahr wartete.

Vor ihm hatten da in schöner Geschenkpackung Zigarren und Zigaretten aus Schokolade gelegen, ein beliebtes Weihnachtsgeschenk für jung und alt, das ganz ähnlich wie das Schweinchen mit der Idee der Eßbarkeit der Welt nicht nur spielte, nein, es machte Ernst damit. Und ernsthaft – wir gaben uns wirklich Mühe – aßen wir Zigarre um Zigarre, jede Menge Zigaretten, schließlich auch die in der Geschenkpackung enthaltenen Streichhölzer. Die Schokolade, aus der sie bestanden, schmeckte ekelhaft, nicht so aber die Idee von der Eßbarkeit der Welt, die wir uns mit jeder Zigarre oder Zigarette weiter einverleibten. Wer weiß, vielleicht würden aus uns eines Tages Kinder aus Schokolade werden, und wir würden endlich zum Fressen gern gehabt werden, ob wir nun schmeckten oder nicht. Mit dem Marzipanschwein verhielt es sich wie mit den Zigarren, den Zigaretten und vielleicht uns einmal, wenn sich an uns die Schokoladenseiten ausgewachsen haben würden. Es war zu rosa, zu glatt, zu süß, um zu schmecken. Aber als sozusagen schweinisch verkörperte Idee, den Boten des verheißungsvollen Schlaraffenlands, kaum war er eingetroffen, gleich zu verschlingen, schien es einfach überzeugend.

Das war in jenen Zeiten, als das Essen, und möglichst viel davon, rundheraus noch als Glück galt. Essen ging einfach vor. Ihm gehörten Wünsche und Träume und das Märchen vom Schlaraffenland.

Heute kommen Glücksschweinchen nicht mehr von da. Allfällige Postkarten, die wir dorthin zu schicken versuchen würden, kämen mit dem Vermerk zurück: Land unbekannt verzogen.

Gewiß, das Schlaraffenland war nur ein viel frequentierter Ort in der Landschaft der Wünsche, doch eben nicht nur ein Ort, sondern auch eine Schule der Wünsche. Es lebte davon, daß es nicht existierte, was es natürlich genau wußte, und zum Schutz der Wünsche vor sich selbst ließ es sich von einem Griesbreiberg umgeben.

Der Griesbreiberg war Teil des Schlaraffenlands und zugleich sein umgekehrter Spiegel. War das Schlaraffenland eine verkehrte Welt, in der alle Wünsche in Erfüllung gingen, war der Griesbreiberg die letzte Hürde und schwere Arbeit. Denn er mußte durchfressen werden, und was wir uns stets und bang fragten, doch nie laut zu sagen wagten, war die Ahnung, daß wir es nie schaffen würden, als freie und hungrige Wesen auf die Seite der Erfüllung der Wünsche zu kommen. Vorher nämlich würden wir so satt geworden sein von all dem Griesbrei, daß wir am Ende selber Griesbrei geworden wären, wunschlos befriedigt und erledigt.

Doch wer schon einmal von Luft und Liebe gelebt hat, weiß, daß mindestens die Hälfte des Liebes- und Luftbrots aus der Erzählung der Liebe und der Luft besteht, und so war das Schlaraffenland eben auch beschaffen. Von ihm zu erzählen nährte die Wünsche, die Sprache wuchs, vermehrte sich, begann zu schmecken. Wörter und Namen von Speisen lagen auf der Zunge, wurden kaubar, schmeckbar, konnten auf der Zunge auch wieder zergehen. Wörter kamen aus uns heraus, versetzten uns, klaren Kopfes und schwindelnder Sinne, doch keinesfalls erledigt, in die Mitte des Schlaraffenlands, das als verkehrte Welt gerade richtig zu sein schien für Wörter, die durchaus aus Honig sein konnten oder gar fliegende Tauben. Wörter konnten hier wie dort auch Berge sein, auf denen Käse wuchs und die zu versetzen die Rede nur auf die Liebe kommen mußte.

Märchen ernähren seit je durch Erzählen und auch umgekehrt. Sie schulen die Wünsche und füttern sie mit Wörtern und Sätzen. Das Schlaraffenland war eine Gegend, in die nicht nur Kinder ausflogen, sondern auch die Erwachsenen. Zusammen konnten wir uns die verkehrte Welt als die richtige ausmalen. Wahrscheinlich galt im Schlaraffenland unsere größte Lust der Vorstellung, daß unsere Eltern genauso klein, hungrig, gierig sein konnten wie wir. Oder sogar kleiner noch, hilfloser, griesbreiiger.

Dann verschwanden die Zigarren aus Schokolade, McDonald's kam, und das Schlaraffenland war keine gültige Erzählform mehr, sondern nahm Züge von Folklore und Pathologie an: Land unbekannt verzogen.

Kirschbäume und frühe Zweifel

Von Angelika Overath

Später erst war der Sommer käuflich geworden. Käuflich wie ein schöner Kirschbaum in einem großen Garten. Ein tschechischer Schulfreund, Sohn einer alten, bei der Niederwerfung des Prager Frühlings nach Deutschland entkommenen Arztfamilie, hatte sie mitgenommen in das Anwesen von Freunden. Es galt, den Baum abzuernten, und so verbrachten sie, zwei muntere Abiturienten, einen halben Tag, zupfend, essend, tschechische Verse ins Deutsche balancierend, in einer Weltenkrone aus grünen Blättern und glanzroten Früchten. Es waren Herzkirschen von außerordentlicher Qualität, wie sie auf den sorgfältig beschnittenen Bäumen im Badischen gelangen, groß und süß aufgeschossen in der feuchten Hitze der Rheinebene. Schwer lag ein Kirschenpaar in der Hand, das eben noch an den elastischen Stielchen wippte.

Und doch umgab die nicht zu steigernde Pracht des Kirschbaums ein beinah frivoler Anhauch, etwas seltsam Falsches, das schwer zu bestimmen war. «Warum ernten sie ihn nicht selber ab?» hatte sie damals gedacht, als genieße sie hier eine fremde Lust. Unter sich sah sie das helle Grün eines bürstenschnittigen Rasens, auf dem nun dunkle Kirschbaumblätter und Zweiglein lagen, als müßten sie aufgekehrt werden.

In der Neubausiedlung am Stadtrand, in der sie wohnte, gab es Grünstreifen zwischen den Häusern, die davon ablenken sollten, daß hinter den Mietblocks das Brachland begann. Ungeachtet der nicht privilegierten Wohnlage trugen die Straßen Märchennamen; sie wohnte im Dornröschenweg. Tatsächlich hatte es hier einmal eine Zeit geheimer Fülle gegeben, die mit dem ungenutzten Land und einigen aufgelassenen, von wucherndem Brombeer- und Schlehengebüsch gesäumten Gärten zu tun hatte. Damals, in den Monaten der Vorbereitung auf die Erstkommunion, in die auch ihre erste Menstruation fiel, radelte sie oft nachmittagelang an den mäandernden Altrheinarmen entlang oder streunte durch einen der verlassenen Gärten, nicht um wirklich zu spielen, wie früher, das ging seltsamerweise nicht mehr, sondern nur um fort zu sein. Sie sammelte etwas auf, schnitzte an einem Stock herum oder hockte in ihrem Lieblingsbaum, einem verwachsenen Kirschbaum mit blinden Seitenästen, von denen leicht einer brach.

Eines Nachmittags, es war Frühling, und ihr Baum trug seine ersten kümmerlichen Knospen, sah sie einen Jungen kommen, der nicht in die Siedlung gehörte. Er mußte aus den Baracken sein, die hinter dem Brachland begannen. Dort wohnten kinderreiche Familien, die Sozialhilfe bezogen; in der Neubausiedlung waren sie, in kühner Überschätzung des sozialen Abstands, als die «Asozialen» bekannt. Manchmal standen dort neben den Baracken auch Zigeunerwagen, man witterte den in der Ferne verwischten Schein von Feuer, Hunde bellten. Den Kindern der Siedlung waren die Baracken ein Ort von Verbot und Verheißung. Manchmal fuhren sie mit ihren Rädern an den Bezirk, wo jene Pisten begannen, die schon beim leichtesten Regen verschlammten. Das eine oder andere Kind von dort ging, zumindest zeitweise, mit ihnen zur Volksschule. So gab es ein dunkelhäutiges Mädchen, das unter dem Wort «Bastard» weinend im Pausenhof stand.

Als der Junge sie im Baum bemerkte, rief er etwas, das sie nicht verstand. Sie war auf der Hut. Sie besuchte jetzt die erste Klasse eines dominikanischen Mädchengymnasiums in der Stadt, und hätte man sie gefragt, ob sie morgen für Jesus Christus sterben wolle, wäre sie nickend einfach mitgegangen. Sie war 11 Jahre alt, er war, wie er später sagen würde, 13. Sie kam vom Baum herunter. Sie fand sich gescheit, und sie wollte nicht mit einem dummen Jungen sprechen. Ob er schon bruchrechnen könne? Sie gab ihm einen Stock in die Hand, säuberte mit dem Fuß ein Stück Boden unter dem Kirschbaum und ließ ihn rechnen. Er schrieb zügig Zahlen in den Sand. Sie registrierte sein Tempo, war aber nicht sicher genug, um zu prüfen, was er tat. Er lachte, warf den Stock fort, fuhr über die glatte Rinde des Kirschbaums und hangelte sich mit einem Klimmzug in die erste Astgabel. Dort drehte er sich um, zog sein Hemd aus und warf es ihr zu. (Noch Jahre später sollte sie diese Geste beschäftigen.)

Sie fing das Hemd auf. Und während er mit magerem Oberkörper weiter in den Kirschbaum hinaufkletterte, stand sie da, das bubenwarme karierte Flanellhemd in der Hand, hob es an ihr Gesicht und roch daran.

Erkenntnis war ein Atemzug. Sie hatte das Hemd auf die Brombeerhecke geworfen und war davongerannt. Zu Hause in der offenen Badezimmertür stand die Mutter, über eine Plastikschüssel geneigt, und drehte tropfende Putzlappen. Sie sah aus wie eine alte Frau. Schwindelig stellte das Erstkommunionskind die Frage. Natürlich gebe es Gott, antwortete die Mutter, richtete sich auf und wischte mit ihren kleinen Händen über das bunte Würfelmuster der Kittelschürze. Die Tochter aber brauchte die Antwort nicht mehr.

Nasologisches Niemandsland

Von Beatrix Langner

Der Feldweg zu meiner ersten Kirmes war von Heckenrosen
gesäumt. Die Kirmes war im Nachbardorf, zum ersten Mal
hatten mich die Eltern allein gehen lassen. Es war Hoch-
sommer, und der süß-würzige Geruch der wilden Rosen
begleitete mich fast auf dem ganzen Weg. Es war ein berau-
schender Duft von Vorfreude, von Stolz und Freiheit, er war
verwandt mit dem Summen der Insekten, dem metallischen
Geruch der abgeernteten Felder, der niederbrennenden
Sonne. Ich konnte gar nicht anders, als meine Nase in eine der
weit geöffneten Blüten zu stecken und tief einzuatmen. Dabei
blieb ich mit dem Kleid in den Dornen hängen, das mir meine
Mutter für diesen Tag genäht hatte, aus dem zarten Stoff
zogen sich einzelne fein gewirkte rosa Fäden. Ich hing in den
Dornen fest. Je vorsichtiger ich mich befreien wollte, um so
heftiger rissen die Fäden einer nach dem andern. Das Kleid
war hin. Beim Kampf mit den Dornen verlor ich schließlich
auch noch die fünf Groschen, die mir mein Vater für Zuckerwatte und Schiffsschaukel zugesteckt hatte.

Meinen Eltern sagte ich davon nichts. Sooft mir jemand
eine Rose schenkt, erinnere ich mich an das verschwiegene
Unglück in den wilden Rosen, das mich tief wie kein anderes
traf, weil es das erste und dem erhofften Glück so ähnlich war.
Die Rosen sind meine Madeleines. Ich tunke meine Nase in
die Blüte, atme tief ein und rieche – nichts. Die Rosen duften
nicht mehr. Ich habe es dutzendfach geprüft. Ich kaufe mir oft

selbst Rosen, bei jedem tamilischen Rosenverkäufer, jedem Bahnhofsblumenhändler. Ich schnuppere an jeder – nichts.

Liegt es an mir? Ist die Wirklichkeit so machtlos gegen die betörenden Geruchs- und Geschmacksverstärker unserer Erinnerungen? Die Gedichtbücher aller Zeiten sind voll von Rosen. Aber was ist eine Rose ist eine Rose ist eine Rose ohne ihren Duft? Was ist die ganze Poesie noch wert, wenn sie bloß noch Zitate von Dingen statt der Dinge selbst gibt, weil ihre sinnliche Gegenwart aus unserm Leben längst verschwunden ist? Was haben die Dichter nicht alles durch die Rose sagen wollen, diese ganze feierliche Blumensymbolik von Stolz, Liebe, Noblesse, tiefster Verschwiegenheit. Vergessen Sie Rilke ohne Rosen. Selbst die Politik kam zu keiner Zeit ohne sie aus. Aber Rosen ohne Duft? Undenkbar. Die Halsbandaffäre würde nicht im Rosengarten der Tuilerien angefangen haben, hätten nicht die Rosen der Königin an jenem Tag so intrigant wie verschwiegen geduftet. Einer nach dem andern verschwinden die Gerüche aus unserm Leben, weggezüchtet von Pomologen und Nahrungsdesignern, überdeckt von chemischen Aromen und raffinierten Duftstoffcocktails. Die Tomaten haben ihren strengen Duft verloren, die Apfelsorten sind nicht mehr durch ihr zartes Aroma zu unterscheiden, die Suppenhühner gurgeln ohne Verlockung im Topf. Aus den Städten des Ostens, in die ich später kam, sind Braunkohlenrauch, Benzinölgemisch und Brathähnchen verschwunden. Der ganze Osten war ein Geruch, jeder hatte die Nase voll davon, Einheitsgeruch, undefinierbar, aber wiedererkennbar von Berlin über Budapest bis Brasov. Verschwunden.

Die Aromaindustrie ist der Wachstumsmarkt der Zukunft. Bald wird es auch wieder Rosenduft geben. Nur den Osten bringen die Geruchskreativen nicht fertig. Halb Berlin ist zum nasologischen Niemandsland unter der Camouflage teurer Parfums, Döner Kebab, Sushi und Karstadt geworden, zwei Quadratkilometer geruchsloser Zone um den Berliner Alexanderplatz herum. Zurück bleiben wir, die Nachkommen Grenouilles, mit unserer unausrottbaren tierischen Natur, die sich nicht täuschen läßt. Sicher, wir begehen keine Morde für einen echten Menschengeruch, für einen Rosen- oder Veilchenduft. Aber ihr Verschwinden macht uns jedesmal ein bißchen einsamer und die Welt leerer. Schenken Sie einer Frau eine Rose. Sie wird mit Sicherheit ihre Nase in die Blüte stupsen, jede Frau macht das so, mit dieser demütigen Beugung des Nackens in Erwartung der Versenkung in nichts als Gefühl. Dann wird sie den Kopf heben, die Lider aufschlagen, mit einem leichten Anflug – kaum zu bemerken – von Verärgerung und Irritation. Denn da ist nichts, kein Duft. Aber diese Geste, diese kleine sanfte Neigung des Kopfes über der halbgeöffneten Rosenblüte schwebt einen Lidschlag lang gegenstandslos im Raum, wie ein Zitat aus einem Gedicht über die Liebe, wie ein herrenloses Relikt aus Zeiten, als die Rosen noch dufteten.

Tippen und Kleckern

Die Schreibmaschine

Von Martin Meyer

Schreibmaschinen waren immer schweres Gerät. Vergleichbar der Artillerie, im Büro – damals auch gern noch Bureau geschrieben – zumeist an festem Ort, zu Hause bei Bedarf in Stellung gebracht, Unterlage: dicker Filz. Dazu die Namen; etwa «Hermes» oder «Adler», mit internationalem Flair vielleicht «Underwood», «Remington» kam vor, für Designbewußte dann lieber «Olivetti». Ältere Modelle glichen ein wenig den Vulkanen, ihr Krater ließ den Kranz der Typenhebel sehen. Das Gehäuse schimmerte in mattem Schwarz. Dem Kinderblick klang dies alles fast gefährlich, und es stimmte auch – hatten wir uns endlich entschlossen, eine Taste zu berühren, so geschah manchmal nichts. Aber manchmal raste der Wagen wie unter höchstem Druck zum Anschlag, eine Klingel schepperte giftig hell. Das war, wie wir erfuhren, der Tabulator gewesen.

Solche Apparate der klassischen Art hatten es in sich. Sie zählten, unübersehbar, zu den Emblemen der Arbeitswelt, und wer sie beherrschte, galt schon deshalb als Meister. Sogar gab es damals, in den fünfziger Jahren, regelrechte Wettbewerbe. Zehn Finger, das verstand sich von selbst, doch nun entschied die Geschwindigkeit; die Zahl der Tippfehler; der möglichst gleichmäßige Anschlag. Und wie die großen Virtuosen des Klavierspiels darauf angewiesen waren, daß ihr Instrument von kundiger Hand gewartet wurde, lagen auch für das profane Musizieren allerlei Hilfsmittel bereit – frische

Farbbänder, gröbere und feine Bürsten, Öle und Alkohol. Diesen Dienst besorgten in den Betrieben die Spezialisten. Im häuslichen Bereich waren Unfälle nicht auszuschließen, die Jugend wurde gewarnt. So gab vieles Anlaß zur Sorge. Im Konzert störten die falschen Noten, im Geschäft ärgerten die falschen Lettern, sie mußten mit einem besonderen Gummi ausradiert werden, das Prozedere fraß sich ins Büttenpapier – unschön zumeist.

Soviel zur Phänomenologie. Bei weiterem Nachdenken wäre festzustellen, daß die Schreibmaschine als Medium im Prozeß der Kreativität auch diesen selbst veränderte. Nichts floß mehr mit der Leichtigkeit des Federstrichs, vielmehr waren die Buchstaben allesamt schon da. Sie warteten. Sie schauten einen an. Wer es also wagte, «direkt in die Maschine» zu formulieren, statt mit Tinte schräg und frei übers Blatt, mußte zuvor doch einiges geklärt haben. Manchmal tat die Konzentration gut, sie schärfte den Stil. Manchmal versetzte sie in quälende Gehemmtheit, jedes Allegro geriet ins Stocken. Hemingway, so lernten wir später, kam damit zurecht, sein Rhythmus besaß auch jene Härte von Schlag und Takt. Für die Prosa von Proust wäre die Mechanik ein Fanal gewesen, die riesigen Perikopen hätten sich hiermit selbst gerichtet. Wo etwas wachsen und blühen soll, «organisch» eben und mit den Abenteuern eines assoziierenden Fortschritts, scheint jede vorgegebene Schreibhilfe das Würgemittel für die Kunst zu sein. Der Architekt Max Frisch, kein wirklicher Musiker unter den Prosaisten, ließ sich vor seiner Maschine photographieren, als ob er Bausteine fügte. Wenigstens bespielte er eine Olivetti «Studio 44», ein kleines, elegantes Gerät mit gräulich-grünem Gehäus – den Laptop der sechziger Jahre.

Von Vorteil war – für Frisch und andere Geister der Ordnung auch in der graphischen Präsenz – die Übersicht. Man konnte genauer, klarer, auch kritischer sehen, was da entstand. Mochte «Hermes» noch irgendwie an mythische Inspirationen erinnern, so drückte «Adler» diese Distanz, gestochene Typen plus Vogelschau, viel besser aus. Während das Papier aus der Walze stieß und sich nach und nach ausrollte, gewann es schon Inhalt und Form, gewissermaßen die Stabilität einer Schöpfung. Der Schritt zur Vergegenständlichung war getan. Man mag sich denken, was Heidegger oder Adorno als rabiate Kritiker der Kultur dazu gesagt hätten. Oder Marshall McLuhan. «The medium is the message.» Aber mochte die Schreibmaschine tatsächlich die Gedanken gleichsam formatieren und in Reihen setzen, so sorgte sie zugleich für den Vorgriff aufs Gelesene: Sie animierte dazu, den Text im Druck sich vorzustellen, da wurde manches Ornament zurückgerufen, diszipliniert.

Noch etwas anderes. Zumal die rein mechanische, von keinerlei elektrischen Schaltungen durchzogene Maschine war sichtbar auch ein Stück Physik. Im Doppelsinn des Wortes Schreibkraft wurde dies manifest. Es meinte nicht nur die freundliche Erscheinung der Stenotypistin, sondern zugleich die Bewegung des Anschlags – das Hämmern oder Stechen, das eilende Rattern oder jenes erlesene Zögern des Ideenmenschen bis hin zum Niederstemmen einer einzigen Taste. Etwas ungreifbar Abstraktes hatte sich dann materialisiert, der Dichter war zum Arbeiter geworden, dessen Energie jetzt zu Buche schlug. Für viele Autoren glich dieses Hin und Her einer Erlösung. Innenspannung wurde abgeführt – was später manche Typoskripte zu teils ergreifenden, teils kuriosen Partituren machte. Mit ihren stark gefärbten und plötzlich wieder schwach gezeichneten Buchstaben erinnerten sie an die Dynamik der Musik. Die Geräusche – vom Knattern bis zum Staccato – verkörperten ihrerseits Individualität.

Damit ist es längst vorbei. Der Computer hat solche Ausschläge in die Eigenheiten des Schreibens vollkommen egalisiert. Er behandelt alle Gedanken gleich, das Bild ist uniform. Mehr noch, auch jede Art von Schmutz oder Gewalt, die Schräglage des Papiers, die Stauchung der Zeilen, ein gehöhtes C – verschwunden. Was, wir wissen es, zu Nachlässigkeiten verführt: Wer hätte nicht schon geglaubt, einen trefflichen Text deshalb verfaßt zu haben, weil alles so schön und rein zu lesen war? Wer wäre nicht schon versucht gewesen, einfach anzufangen, um dies oder jenes zu ergänzen und zu verschieben, zu tilgen und zu speichern? – Die Schreibmaschine wurde erfunden als ein Instrument zur Lesbarkeit. Sie räumte auf mit jener Physiognomie von Handschriften, deren graphologische Deutung selbst den Alltagsverstand fasziniert hatte. Insofern beabsichtigte sie gerade das Gegenteil von «Lesbarkeit». Aber gemessen am Verfahren der Bildschirmtechnik war sie noch immer ein eminentes Ausdrucks- und Charaktermittel; der Steinway gegen das elektronische Klavier. Als der hundertjährige Ernst Jünger eigenhändig einen Brief auf seiner «Olympia» buchstabierte, lieferte er ein Original, das den Autor des «Arbeiter» beinahe Lügen strafte – es wirkte wie der eigensinnige Versuch, die technische Reproduktion mit Persönlichkeit zu unterlaufen.

Auch Nietzsche wandte sich, später in seinem Leben, der Schreibmaschine zu. Das für fünfhundert Francs von der Schwester erstandene Gerät erreichte den Philosophen im Februar 1882 in Genua. Es hatte auf der Reise Schaden genommen, ging sogleich zu einem Mechaniker, der es nach einer Woche der Reparatur dem Benutzer überbrachte. Jetzt schrieb Nietzsche darauf eine Reihe von Gedichten; die Stimmung euphorisch. Aber bereits nach zehn Tagen verweigerte die Maschine erneut ihren Dienst. «… ganz rätselhaft!» kommentierte der Enttäuschte. «Alles in Ordnung! Aber *kein* Buchstabe ist zu erkennen.» Dann, Ende des Monats und mit dem Realismus des Empirikers, doch immerhin schwarz auf weiß getippt: «... unser Schreibzeug arbeitet mit an unseren Gedanken. Wann werde ich es ueber meine Finger bringen, einen langen Satz zu druecken!» – Dem Meister der kurzen Sätze war dies eine Überlegung wert, deren Ausführung ins Praktische, wer weiß, sogar seine Philosophie verändert hätte. Doch es blieb bei der Anekdote, wie jenes Gerät uns heute selbst anekdotisch geworden ist, fast reimt es sich inzwischen auf Dampfmaschine.

Die Stenorette

Von Hans Ulrich Gumbrecht

Sie hatte die Ausmaße und ungefähr die Form eines Campingkochers. Aber wo man auf dem Campingkocher zwei eher kleine Töpfe mit Erbsenwurstsuppe oder Gulasch aufs Propangas gestellt hätte, da wurden bei der Stenorette die beiden Spulen der glänzend braunen Tonbänder eingelassen, welche sich zu nicht mehr als zwei Zentimetern Dicke aufrollten und dann wie schlanke Reifen das leere Spuleninnere umgaben. Was außerdem die Stenorette von den Campingkochern ihrer Zeit unterschied, waren das beigebraune, leicht voluptuös geschnittene Chassis und die fünf Tasten auf der Vorderseite. Besonders die eine der Tasten, mit einem kelchförmigen Symbol in Rot gekennzeichnet, war strikt zu vermeiden, hatte ihm sein Vater von Anfang an eingeschärft. Denn aus Versehen «das frische Diktat zu löschen», das wäre wahrlich ein Ernstfall gewesen, während «das schon getippte Diktat vor dem Neu-Diktat zu löschen» als eine deutsche Hygienetugend hochgehalten wurde. Bei einem anderen, älteren Vater hatte er einmal das Vorgängermodell der Grundig-Stenorette gesehen, welches mit einer erstaunlicherweise grauen (eben nicht schwarzen) Schellackplatte (statt der Bandspule) funktionierte – und im Zeitalter der dank Plastikmaterial bereits geschrumpften Schlagerplatten sehr archaisch wirkte.

Die Stenorette seines Vaters stand auf einem Goldbrokatdeckchen, das anzufassen bei ihm einen (nie psychoanalytisch bearbeiteten) Brechreiz auslöste, obwohl doch offensichtlich war, daß dieses Deckchen allein der Gefahr von Kratzern vorbeugen sollte, welche die unsichtbaren Stenorettenfüße auf der Oberfläche des antiken Schreibtisches hätten verursachen können. Der Schreibtisch war zusammen mit der Stenorette beim Umzug in die größere neue Mietwohnung zum zentralen Sakralort des Familienlebens geworden. Jeden Morgen, angeblich schon ab halb sechs Uhr, saß sein Vater, priesterlich in einen gelb-schwarz gestreiften Morgenmantel gehüllt, auf dem mit rotem Brokat überzogenen antiken Schreibtischsessel und diktierte mit Kopfstimme und abgehackt-schnellen Syntagmen ins Mikrophon. Manchmal hielt sein Vater auch ein riesig-schwarzes Röntgenbild vor den Schein der Schreibtischlampe, die eine tropfende Kerze zu sein vorgab, und immer verabschiedete er sich am Bandende so charmant von der einen oder anderen seiner beiden Sekretärinnen, wie es am Ende einer Fernsehübertragung Max Greger oder Kurt Edelhagen getan hätten, die führenden Unterhaltungsorchester-Dirigenten ihrer Zeit.

Eine dieser Sekretärinnen war Fräulein Dorsch. Sie hatte, als sein Vater sich den ersten Mercedes kaufte, gerade die Handelsschule abgeschlossen, und sie errötete ebenso oft wie rasch. Seine Mutter sagte, daß sie so viel Sympathie für Fräulein Dorsch habe und so mütterlich um ihre Diabeteswerte besorgt sei, daß sie ein- oder zweimal im Jahr ein (steuerlich absetzbares) Familienabendessen mit den Eltern Dorsch in einem Restaurant des mittleren Preis- und Qualitätsniveaus organisieren wolle. Auf die andere Sekretärin bezogen sich der Vater und seine dynamischen Mitarbeiter immer nur in etwas zu schwungvollem Ton als «die Jusa». Als er ihr Jahre später auf einer Weihnachtsfeier zum ersten Mal die Hand schüttelte, fand er sie zwar ansprechend sportlich gestylt, aber doch etwas flach und schnippisch-nervös in ihrer Konversation mit den Assistenzärzten. Besonders beunruhigt, so will er sich bis heute trösten, habe auch die Gegenwart der Jusa seine Mutter nie. Denn vielleicht ahnte die Mutter ja, daß der auf bloßen Informationswert abgespeckte Klang des Stenorettenbandes kein Frauenohr je würde bezirzen können.

Die Stenorette, hätte Michel Foucault sagen mögen (der allerdings das Diktaphonmodell eines französischen Produzenten vorzog), die Stenorette war ein Dispositiv der Macht, aber doch ein Dispositiv der schon etwas informell, ja fast hemdsärmelig gewordenen patriarchalischen Macht um die Mitte des zwanzigsten Jahrhunderts. In der Aktentasche seines Vaters und in der Aggregatform der Bandspule als «Chefsache» transportiert, gab das Diktat den Händen und dem Leben der Sekretärinnen einen unausweichlichen Rhythmus vor. Aktive Teilzeitbenutzung der Stenorette gewährte der Vater außerdem nur jenen Assistenten, die er gerne an Sohnes Statt angenommen hätte.

Max Grundig aus Fürth, der mit den Stenoretten das Medium des Wirtschaftswunders erfand, bewunderten wir mit demselben Stolz wie Ludwig Erhard, den anderen Fürther des neuen Deutschlands. Und derart vollkommen hatten sich Grundigs Töchter die Dorschs und Jusas des Vaterlandes einverleibt, daß später mit dem Verschwinden der Stenorette auch die Aura des Chefarztes verblassen mußte.

Der Tintenklecks

Von Jochen Hörisch

«Die ihr schreibt, nehmt euch in acht! / Weil ich Klecksograph entdecket, / Daß im Tintenfass oft stecket / Eines gift'gen Dämons Macht.» Peter Rühmkorfs klecksographische Verse beziehen ihren Reiz auch daraus, daß sie mit frecher Verve daherkommen, keck eine frische Entdeckung kundzutun vorgeben und doch nur eine uralte Einsicht in neue Form gießen. Daß in Tinte und Tintenfaß dämonische Mächte walten, ist nämlich ein alter Hut. Luther wirft, auf der Wartburg die Bibel übersetzend, mit dem Tintenfass nach dem Leibhaftigen, weil er weiß, daß man den Teufel nur mit Beelzebub austreiben kann. Und die frechen Gassenkinder, die im «Struwwelpeter» dem armen Mohren das Leben schwermachen, werden von Nikolas in das schwarze Tintenfaß getaucht. Nur zwei von vielen ins kollektive Gedächtnis eingewanderten Szenen, die dem flüssigen Element, das den festen, weil gedruckten Buchstaben vorausgeht, mephistophelische Qualitäten zusprechen. Mephistopheles – das Wort leitet sich her von jiddisch «tofel» = Besudler.

Auch im hochkulturellen Jenseits dieser auffallend populären Szenen aus der Gutenberg-Galaxis spielt der Glaube an die dämonische Qualität der Tinte eine entscheidende Rolle. So heißt es in einem Brief Flauberts an Louise Colet: «Die Tinte ist mein natürliches Element. Schöne Flüssigkeit, übrigens, diese dunkle Flüssigkeit! Und gefährlich! Wie man darin ertrinken kann! Wie sie einen anzieht!» Jean Starobinski hat auf die gespenstische Affinität aufmerksam gemacht, die zwischen dieser Briefstelle und jener Passage aus «Madame Bovary» waltet, in der die Titelfigur an ihrer Vergiftung stirbt: «Schwarze Flüssigkeit quoll aus dem Munde hervor, als erbräche sie sich.» Schuldig geworden aber ist Emma Bovary, weil sie die festen Buchstaben der Liebesromane, die sie verschlingt, mit ihrem eigenen Herzblut beglaubigen und in ihrer eigenen Biographie verflüssigen und beleben will – weil sie unendlich reproduzierte Druckerschwärze in unverwechselbare Tintenhandschrift zurückverwandelte. Ein tödliches Insistieren.

Die Suggestivität und Popularität der drei genannten dämonisch-mephistophelischen Tintenszenen ist an eine handfeste Voraussetzung gebunden: daß man alltäglichen Umgang mit Tinte und Tintenfaß hat. Ebendies aber ist seit Jahrzehnten nicht mehr der Fall. Die massivhölzernen Schulbänke, an deren Rand ein festes Tintenfaß integriert ist, zählen schon lange nicht mehr zum Grundinventar der Grundschulen, die einst Volksschulen hießen. Der Federkiel, der ins Tintenfaß getaucht wurde, ist zur Kuriosität geworden. Handgeschriebene Briefe haben heute Seltenheitswert. Wer überhaupt noch einen Füller benutzt, benutzt in aller Regel einen Patronen- und keinen Kolbenfüller, der in ein Tintenfaß getaucht wurde und dieses selten verließ, ohne Finger und Tischplatte gründlich verunreinigt zu haben. Tinte und Tintenfaß zählen zu den am Ende des 20. Jahrhunderts weitgehend verschwundenen Dingen. Wer sie dennoch verwendet, bekennt sich, wie der Kulturanthropologe Dietmar Kamper in seinem jüngsten Buch, «Horizontwechsel. Die Sonne neu jeden Tag, nichts Neues unter der Sonne, aber ...», offensiv zu seiner Unzeitgemäßheit: «Ich schreibe nach wie vor mit dem Kugelschreiberstift, mit auslaufender Tinte, auch jetzt, da das Radio

‹Greensleeves› spielt und Samstagnachmittag ist. Die Geschwindigkeit der Gedanken folgt der Geschwindigkeit des Schreibens der Hand. Das ist – ich las es bei Michel Serres in ‹Hermes› – die komplizierteste aller Handlungen, manuelle Virtuosität, zugleich individuellster Ausdruck, trotz der verordneten Linearität.» Aufschlußreich sind Kampers skripturale Bekenntnisse auch deshalb, weil sie nebenbei darauf hinweisen, daß die Tinte zu den Dingen gehört, deren Verschwinden nicht verschwindet, deren Ende nicht endet, deren Aufhören nicht aufhört.

Das flüssige Element der Tinte macht im zwanzigsten Jahrhundert einen proteushaften Gestaltwandel durch. Ihre Farbe konnte die Tinte schon seit langem den Bedürfnissen ihrer Nutzer anpassen. Schüler und Autoren schrieben mit schwarzer oder blauer, Lehrer und Lektoren korrigierten mit roter Tinte. Aber erst in der zweiten Hälfte des zwanzigsten Jahrhunderts wandert die Tinte aus dem Faß in Patronen, in Kugelschreiberminen und in Tintenstrahldrucker ein. Die Tinte zählt zu den untoten Dingen des späten zwanzigsten Jahrhunderts. Sie ist nicht eigentlich verschwunden, aber sie hält sich, so als müsse sie sich angesichts der rasant an ihr vorbeiziehenden neuen Medien- und Schreibtechnik schämen, versteckt.

Verschwunden, wirklich verschwunden sind hingegen die Tintenflecke und -kleckse. Und damit nichts Geringeres als das auslösende Moment großer Literatur. Goethes «Wahlverwandtschaften» und E. T. A. Hoffmanns Märchen «Der goldene Topf» sind nur die prominentesten Beispiele für eine ganze Serie von Tintenkleksgeschichten und (un)sauberen Abschriften. Sie handeln mit eigentümlicher Regelmäßigkeit von Figuren, die wie der Schlafrockdichter in Eichendorffs Gedicht «Frisch auf!» tief in der Tinte stecken, weil sie kein rechtes Verhältnis zu dem Leben und der Wirklichkeit entwickeln können, die das Blut in Wallung versetzt.

Ich saß am Schreibtisch bleich und krumm,
Es war mir in meinem Kopf ganz dumm
Vor Dichten, wie ich alle die Sachen
Sollte aufs allerbeste machen.
Da guckt am Fenster im Morgenlicht
Durchs Weinlaub ein wunderschönes Gesicht,
Guckt und lacht, kommt ganz herein
Und kramt mir unter den Blättern mein.
Ich, ganz verwundert: «Ich sollt dich kennen» –
Sie aber, statt ihren Namen zu nennen:
«Pfui, in dem Schlafrock siehst ja aus
Wie ein verfallenes Schilderhaus!
Willst du denn hier in der Tinte sitzen,
Schau, wie die Felder da draußen blitzen!»

Vom blitzenden Leben haben die, die in der Tinte sitzen oder gar tief in der Tinte stecken, keinen Schimmer. So will es das spätromantische Schema. Die frühen Romantiker, die sich ja noch als Kinder eines «tintenklecksenden Säkulums» (Schiller) wußten, arbeiteten hingegen noch an dem Programm, das Novalis auf die brillante Formel brachte: «Das Leben soll kein uns gegebener, sondern ein von uns geschriebener Roman sein.» Natürlich wußte Novalis, wie viele Mitautoren ein Lebensskript hat und wie viele Tintenflecken diesem Skript einen rätselhaften Reiz verleihen können.

Störungen, Flecken, Kleckse: In dem Maße, wie sie aus der Sphäre des Schreibens verschwinden, müssen sie erfunden werden. Der berühmte Rorschachtest (der nach dem Muster arbeitet: «Was sehen Sie in diesem Klecks?» – «Nichts Bestimmtes. Meine Mutter ist es jedenfalls nicht.») errichtet ein psychologisches Testprogramm an der Stelle, an der zuvor

Kleckse waren. Justus Kerner hat eine veritable «Klecksographie» entwickelt, die Rorschachs Einsichten antizipiert. Er steht am Ende eines Zeitalters, das noch an reine Vernunft glaubte. Das Zeitalter nach den Tintenklecksen, das Zeitalter purgatorisch gereinigter Schreibstrategien auf Typewritern, Kugelschreibern und PCs kennt keine Tintenkleckse mehr. Von Unreinheiten aller Art, von der Überfälligkeit einer Kritik der unreinen Vernunft aber hat es eine tief verstörte Ahnung. In dem Maße, wie ein Zeitalter sich (ethnischen, politischen, ökonomischen, religiösen) Reinigungsprogrammen verschreibt, verschreibt sich die aufmerksame Literatur – sie verschreibt sich in jedem Wortsinne, sie verschreibt sich Unreinheiten und Kleckse(n).

«Das ist die ganze Tintessenz: Der Anfang mündet in den Exit – was sagt ihr nun, Herr Peter Squenz? Fortuna fecit, Rühmkorf klexit».

Fräulein und Männer

Die Fräuleins

Von Andreas Nentwich

Das Viertel, in dem wir zwischen 1960 und 1969 das Parterre eines Eckhauses bewohnten, war zu Beginn des Jahrhunderts als erste Stadterweiterung über das brackige Flüßchen hinaus entstanden. Seine Hauptachse, die mir endlos schien, hieß Friedrichstraße. Obwohl sie mit drei Konsumläden, zwei Metzgern, zwei Bäckern, zwei Schneidern, einem Sargschreiner, einem Tabakhandel und dem Papiergrossisten Kubik fast als Geschäftsstraße gelten mußte, blieben die Geräusche, die sich in ihr fingen, immer unterscheidbar. Jedes Dachdeckerklopfen, das Dieselgetucker der Lastwagen, die irgendwo etwas anlieferten, das Angstgeschrei der Schweine, die im Morgengrauen in die Schlachthäuser getrieben wurden: alles schlug aus dem Hallraum der Stille, besonders an heißen Sommertagen.

Schön war das Viertel nicht; die Häuser, zwei- oder dreigeschossig aus Backsteinen errichtet und großenteils unverputzt, wirkten freudlos. Aber es gab Durchbrüche und Durchblicke: kleine quietschende Törchen aus Schmiedeeisen und manchmal ein Stück Staketenzaun, durch den man Birn- und Kirschbäume sah, bunt bepflanzte Gärten mit Kieswegen, hinter diesen Gärten wieder andere und weit entfernt die ungeordneten Rückfronten von Häusern, die zur Parallelstraße gehörten. Die Frauen, die sich dort betätigten und die ich zu grüßen hatte, wenn ich vorbeistreifte, galten mir, weil es mittlere Jahre in meiner Vorstellung nicht gab, unterschiedslos als alt. Fast alle trugen, wenn sie keine Kittelschürzen anhatten, schwarze, graue oder braune Röcke, viele Haarknoten und Blusen mit Broschen. Von manchen wußte oder ahnte ich, daß sie bessere Leute waren, Lehrerinnen zum Beispiel oder Sekretärinnen – und oft außerdem Fräuleins. Aus unerfindlichen Gründen verdichtete sich deren Frequenz in der Gartenstraße, die neben unserem Haus in die Friedrichstraße einmündete und von meinem Vater nur die Fräuleinstraße genannt wurde.

Nicht alle dieser Fräuleins waren wirklich welche, sondern nur verwitwet, manche, darunter die sogenannten Kriegerwitwen, schon so lange, daß sie beinah wieder echte Fräuleins waren. Sie wurden als «Frau» angeredet, obwohl sie alleine lebten. Für die richtigen Fräuleins war diese Anrede eine Beleidigung; sie legten Wert darauf, nicht verheiratet zu sein. Vielleicht waren sie einem Verlobten treu, der im Feld geblieben war, oder dem warnenden Andenken eines Mannes, der sie hintergangen hatte. Das Schicksal hatte ihnen den einzig Richtigen und somit das Kinderglück verwehrt. Oder sie hatten sich anders entschieden, für ihren Beruf zum Beispiel, weil ihnen das Unaussprechliche, das von ihren verheirateten Geschlechtsgenossinnen als Pflicht und notwendiger Tribut an die Mannsnatur beraubt wurde, tatsächlich nicht verlockend schien.

Die meisten Fräuleins waren streng und gut. Eine Ausnahme bildete ausgerechnet unsere Hausbesitzerin. Sie verbot meinen Eltern Keller und Speicher, klopfte, wenn ich zu laut war, mit ihrem Stock auf den Boden und hat die Jahre, die wir dort wohnten, vor allem für meine Mutter zu einer einzigen Beklemmung werden lassen. An ihren Fräuleinstatus heftete sich, ihn überlagernd, das Attribut der bösen Frau. Als Ziel für Kinderstreiche war sie ungeeignet;

ich kann mich nicht erinnern, sie je anders denn als Halb-figur gesehen zu haben, aufgestützt auf ein Kissen an einem ihrer tausend Fenster, in einem Stockwerk, das ich nie betrat.

Um so häufiger war ich bei einem Fräulein, das zwei Häuser weiter in der Gartenstraße wohnte, mir Kuchenbackreime beibrachte und zu einem Gesangsauftritt beim Altenfasching verhalf. Sie muß mich gemocht haben, obwohl sie nicht kindernärrisch war und ich ihre einfache kleine Ordnung störte. Oft spielte ich, während sie ein wenig döste, in ihrem Garten, wo ein Birnbaum stand und seltsam-schöne Blumen wuchsen, die «Tränende Herzen» hießen. Fräulein Kern, deren Gesicht mich an einen kleinen Apfel erinnerte, in erster Linie wohl, weil mir ihr Name unwillkürlich die Apfelvorstellung eingab, war streng katholisch, was in unserer Gegend bedeutete, daß man nicht dazugehörte. Es kann nicht Zufall gewesen sein, daß alle ihre Mieterinnen ebenfalls katholisch waren. An die Frau im zweiten Stock kann ich mich kaum erinnern, sie hatte einen polnisch klingenden Namen. Im ersten Stock wohnte Frau Dr. Petermann, die am Gymnasium die Unterstufe unterrichtete und einen großen Flügel besaß. Sie war weder Fräulein noch Witwe, sondern geschieden. Nur den Doktortitel hatte sie von ihrem Mann behalten. Die kleine, hurtige Frau, die ich bis zu ihrem letzten Geburtstag regelmäßig besuchte, wurde hundert Jahre alt. Nach außen humorvoll und burschikos, war sie ihres Lebens in den letzten Jahren überdrüssig. Sie ragte fremd in eine Zeit, die ihr keine Ruhe ließ, weil sie ihrem Zweifel am Sinn der Schöpfung unentwegt Nahrung gab. Familiäre Schicksalsschläge und zunehmende Taubheit vermehrten ihren Pessimismus und ihre Unruhe in Glaubensdingen. Vermutlich war sie schon immer zweiflerischer gewesen als Fräulein Kern, die eine einfache

Frau war und ihre Hirtenfrömmigkeit mit in die Verwirrung ihrer letzten Lebenstage nahm.

Eine dritte Variante katholischer Möglichkeiten, gleichsam der ultramontane Ernstfall, verkörperte sich in Fräulein Klüh, einer kleinen, dicken Dame mit einem Anflug von Schnurrbart, die, obwohl sie Schulrektorin war, nur ein möbliertes Zimmer bewohnte. Sie wurde von Fräulein Kern bekocht, und es faszinierte mich zu sehen, wie sich die sittenstrenge Frau beim Essen völlig vergaß, säbelte, schaufelte, kratzte und schmatzte, dabei ohne Unterlaß zu reden schien und erst in ihren gewöhnlichen pyknischen Takt zurückfand, wenn sie das wüste Land auf dem Teller restlos eliminiert hatte. Fräulein Klüh war gutherzig, wahrscheinlich die Klügste von allen und sehr empfindlich. Als ihr einer meiner Spielkameraden einmal «Klühwürmchen» nachrief, verfiel sie in wochenlangen Groll nicht etwa diesem, sondern mir gegenüber. Sie hauste unvorstellbar einfach, wie in einer Klosterzelle, und tatsächlich gehörte sie einem Dritten Orden an.

Die Besitzerin des Hauses gegenüber von Fräulein Kern hieß Fräulein Hain. Im Erdgeschoß wohnte Herr Fey, ein pensionierter Lehrer, den ich gelegentlich mit Stock und dem gelbschwarzen Blindenband auf der Straße sah. Er hatte einen weißen Spitzbart, und sein Kopf unter dem Hut war wie ein mit Pergament überzogener Totenschädel. Er erschien mir mehr wie ein Geist, den ich aber nicht fürchtete. Herr Fey gehörte zu den ältesten Bewohnern des Viertels, und es berührt mich heute seltsam, daß ich noch Menschen gesehen habe, die zur Zeit der Reichsgründung auf die Welt gekommen sind. Auch Fräulein Hain, eine hagere, etwas maushafte Frau mit freundlichen Augen, kannte ich nur vom Sehen, desgleichen ihren Neffen, der als sogenannter Junggeselle bei ihr wohnte. Junggesellen, die noch nicht wirklich alt waren, wurden, wie mir schien, ein wenig beargwöhnt, aber vielleicht ist dieser Eindruck auch später entstanden, nachdem der Neffe die Tante erschossen hatte, aus Versehen beim Reinigen einer Waffe, wie es hieß.

Am meisten Eindruck machte mir ein Fräulein, von dem ich nur noch weiß, daß es ein markantes Profil und schlohweiße Haare hatte, von denen feine Fädchen um den Kopf herum abstanden. Vielleicht hatte sie eine Aura, die ich später auf den Bildern alter Dichterinnen wie Annette Kolb oder Gertrud von Le Fort wiederfand. Ihr Haus, hellgrau verputzt und mit Stuckleisten über den Fenstern, stach aus der allgemeinen Eintönigkeit hervor, desgleichen ihr Garten, der besonders groß und prächtig war. Sie hieß Fräulein Storck oder Stork, ein Name, den ich überaus vornehm fand, ganz abgesehen davon, daß er die angenehme Vorstellung von Karamellbonbons, den «Storck-Riesen», weckte.

Alle Fräuleins sind tot. Verschwunden sind die Geschäfte und die schmiedeeisernen Törchen. Die hölzernen Haustüren mit ihren ovalen Guckscheibchen sind eloxierten Scheußlichkeiten aus dem Baumarkt gewichen, die Gärten für Carports und abwaschbare Höfe geschrumpft. Wo Fensterläden waren, rattern heute graue Rouleaus. Neuerdings, heißt es, drängen türkische Familien in unser Viertel. Fräuleins wird es dort nie wieder geben. Und doch: Wer kann schon wissen, ob nicht vor den großen Augen neuer Kinder neue Wunder wachsen?

Die Trockenhaube

Von Ulrike Draesner

Sie hieß Loretta, Elegance oder Goldilocks und galt als Mercedes für Frauen. Ihr Körper folgte den Wölbungen der Kotflügel, ihre Farbe dem zarten Hautton der Nylonstrümpfe, ihre Henkel dem Design von Kühlschrankgriffen. Ein Behältnis der Extraklasse, golden-beige, halb durchsichtig, Schneewittchens Sarg, aber nur für den Kopf. Am Ende erschien der Prinz, dies war sicher, löste die Klappe und entließ die aufgestaute Hitze. Doch er küßte nicht, er kämmte. Schneewittchen lächelte ihn huldvoll an, wenn auch leicht erschöpft. Das Rot ihrer Backen – mußte es nicht Freude sein? Ein Blick in den Spiegel folgte, meist war es Freude. Die Haare klebten in Locken am Kopf! Sie hielten mindestens zwei Tage. Und nächste Woche saß Schneewittchen wieder da, zeigte auf Loretta und sprach mindestens dreißig Minuten kein Wort mehr.

Loretta. Nie kam sie allein. Wer unter ihr saß, wußte sich aufgehoben in der Gemeinschaft der für die Schönheit Leidenden links und rechts vom eigenen Stuhl. An dicken Schwenkarmen hingen fünf, sieben, zwölf Trockenhauben in den besonders futuristischen Friseurläden von der Decke wie Blütenkelche eines technischen Blumenstraußes, die, um sich bestäuben zu lassen, menschliche Köpfe ansogen. Der Honig, den sie bereithielten, hieß «feminin». Dabei wirkten doch sie selbst wie die schönste und dickste Konstruktion von Weiblichkeit – aus männlicher Hand. Sie hatten etwas Gynäkologisches – es war unvorstellbar, jemals einen Mann unter einer von ihnen zu entdecken.

Loretta, unersättlich, immer bereit. Als wir begannen, «Raumschiff Enterprise» zu sehen, verwandelten sich Mutters Sitzungen beim Friseur in Anlässe für Weltraumphantasien. Loretta sei Dank! Unvergeßlich ihre Mischung aus Raumfahrerhelm, umgestülptem Einmachglas und Roboterarm, ihr hemmungsloses Summen und Surren, dieses haltlose Versprechen auf Wärme, Liebe und Zukunft. Wenn ich groß war, durfte ich auch darunter! Durfte? Mußte? Ich freute mich, ich hatte Angst, ich war gespannt, ich schüttelte mich. Schwenkten die Hauben nicht wie Dinosaurierköpfe aus der Wand, dubiose Archäopteryxe in Aktion? Was für eine Weiblichkeit sollte das sein, die mich da erwartete?

Wer heute zum Friseur geht, wird geföhnt. Zwar gibt es zum Trocknen von Strähnchenfarbe noch Hauben – doch die verdienen den Namen nicht mehr. Ein in beweglichen Hitzemodulen angeordnetes Gestell auf Rollen wird herbeigeholt, wie Kleopatras Kopfschmuckgehänge legen die Einzelteile sich sanft an den Kopf, aerodynamisch geformt, mild warm. Von Haube keine Spur: Alles Bedeckende, Schützende fehlt. Hatte Heiraten in den sechziger und frühen siebziger Jahren durch Loretta eine Verankerung im Konkret-Sinnlichen des Alltages – in meiner Vorstellung als Kind begann das Unter-die-Haube-Kommen ganz logisch mit einem stundenlangen Friseurbesuch –, wird heute offen windig gelebt. Nicht unbehaust, wie Heidegger meinte, sondern unbehaubt!

Philosophen sollten öfter in Friseursalons gehen. Erst heute, wo die Haube so gut wie verschwunden ist, verstehen wir, was sie war. Das erste, völlig unerwartete Zeichen der *Cyberworld*, lange vorm digitalen Zeitalter. Das versteckte Indiz eines Überganges. Scheinbar gehörte sie noch ganz der westlichen Kopfwelt an, die sich über die Büstenkunst der Antike, das Interesse an der Physiognomik bis in die technische Ära der Kopfbahnhöfe erstreckte. Doch der Keim des Wandels steckte bereits in ihr. Schon Lorettas Geräusche und Hitze glichen frühen Computern. Und ganz wie heutige Rechner reduzierte auch sie den Körper auf Auge und Finger. Nur noch dazu da, um durchs globale Klatschdorf zu blättern: Königshäuser, Familiengeschichten, Werbung für Diäten und Mieder, tragische Unfälle, ganz wie beim Surfen im Netz. Buchstaben und Bilder flimmerten vor den Augen, die Haubenhitze benebelte den Kopf, doch Werbung – Clementine oder die Lenorfrau – konnte man immer noch gut genug sehen. Wer unter Loretta saß, ging der realen Welt verloren; Ohren, Nase und Mund waren außer Dienst; wenn man sprach, sprach man mit sich selbst. Ja, die Haube war ein verborgenes philosophisches Gerät, ein Gehirn im Topf, wie es später der Sprachphilosoph Hilary Putnam fruchtbar in die Diskussion warf. Zur Befeuerung der alten Diskussion um Descartes aus dem Geist des Schönheitssalons.

Märchenwelt, *wondertime.* Heiß, geschützt, mit Bildern befeuert – Kirche, Kinder, Küche versanken. Wer unter Loretta brutzelte, wurde eine Raupe in Verpuppung. Mutter sah uns nicht mehr, selbst wenn wir neben ihr auf dem Boden saßen; den Kaffee, der vor ihr stand, trank sie nicht, denn sie konnte ihn nicht erreichen, den Kopf nicht bewegen im engen Gehäuse, festgeschraubt war Mutter im Stuhl. Ihre Hand wirkte wächsern, verwandelt in das Glied einer Puppe. Am schönschlimmsten jedoch war, daß sich nun an ihrem Hinterkopf eine Uhr befand, an der man drehen konnte. Die Uhr tickte vermutlich, im Brausen Lorettas war es nicht zu hören, es roch nur immer wieder leicht nach versengten Haaren, aber wir außerhalb hörten das Klingeln der Haubenwecker, kontrollierten das Braten der Köpfe im Salon. Nicht immer kam der Friseur danach gleich, gern murmelte er etwas von Auskühlenlassen – wie Mutter, wenn sie bestimmte Kuchen im Rohr hatte.

Mutter schien das alles egal zu sein. Mit welch abwesendem Blick sie zurückkehrte aus der Haubenwelt! Wie sie uns, ihre Töchter, sekundenlang anstarrte, als erkenne sie uns nicht. Es war offensichtlich: Sie reiste unter der Haube irgendwohin, verlor jedoch nie ein Wort darüber, vielleicht, weil sie keines fand. Mein Kopf dreht sich nicht wie eine Schraube unter die Haube. Bevor ich «groß» war, verschwand sie. Mein Kopf arretiert sich (wie) von selbst vorm Bildschirm. Auch nicht beweglicher. Doch manchmal denke ich an Mutters trocken-haubengeformte Frisur zurück. Wie gerollte spröde Gedanken standen die Haare am Kopf, keines tanzte aus der Reihe. Drahthaar, das darauf wartete, ausgewickelt zu werden. Nervenfasern, die wachsen wollen, sich vernetzen, lebendiges Material. Nackt, bevor ein *Cyberhelm* sie überzieht.

Knickerbocker

Von Harald Weinrich

Männerhosen gibt es kurze und lange, knapp geschnittene und weit aufgeplusterte. Einige zeichnen sich durch einen Eigennamen aus. So die nach der Romanfigur Diedrich Knickerbocker in Washington Irvings Roman «A History of New York» (1809) benannte Knickerbocker-Hose, wie sie die holländischen Siedler im Staate New York, also die Ur-New-Yorker, zu tragen pflegten. Diese *knickerbockers* (mit anlautendem *n-* zu sprechen) waren bequeme Kniebundhosen, deren Stoff bis zur Mitte der Wade weich über die Kniestrümpfe abfiel. Von den *breeches,* ihren eng anliegenden Konkurrenten, die Offizieren und Sportlern als Reithosen dienten, unterschieden sie sich durch ihren zivilen Schnitt ungefähr so, wie sich während der Französischen Revolution die langen und weiten *pantalons* des Volkes von den engen *culottes* des Adels unterschieden, so daß die Revolutionäre auch die Sansculotten genannt wurden.

Als der Erste Weltkrieg zu Ende war, kehrten die *knickerbockers* in den zwanziger Jahren nach Europa zurück, wo bald – wie heute bei den oder der Jeans – auch der Singular des Wortes gebräuchlich wurde, im deutschen Sprachraum auch mit dem Anlaut «K-nickerbocker» gesprochen.

Meine eigene Knickerbockerzeit waren die Kriegsjahre 1941 bis 1945, als ich in Deutschland erwachsen werden mußte. Bis dahin kamen für Knaben wie mich eigentlich nur kurze Hosen in Frage, die eine Handbreit über dem Knie zu enden hatten und im Winter gegen elterliche Vernunft zu verteidigen waren. Ebenso wie viele meiner Altersgenossen aus dem Bürgerstand scheute ich nun den schroffen Wechsel von der kurzen Hose der Knaben zur langen Hose der Erwachsenen und Soldaten und milderte den Übergang durch dazwischengeschobene Knickerbocker, die allerdings in Kriegszeiten offiziell Golfhosen genannt wurden. Von solchen Hosen besaß ich zwei, für den Alltag eine grobe auf Bezugsschein, gut fürs Fahrrad, und für den Sonntag eine maßgeschneiderte aus feinem Stoff, den mein älterer Vetter als Soldat im besetzten Frankreich eingekauft hatte. – Als ich dann mit 15 Jahren als Luftwaffenhelfer eingezogen wurde, war es mit diesem Hosenluxus vorbei. Im Dienst trug ich nun meistens lange weiße Drillichhosen (die militärischen Vettern der Jeans) und bei besonderen Anlässen die blaugraue Luftwaffenuniform, die jedoch zur deutlichen Unterscheidung von den «richtigen» Soldaten mit der Skihose der Hitlerjugend zu tragen war.

Meine privaten Knickerbocker trug ich von da an nur noch an spärlichen Urlaubstagen, nun aber mit der zivilsten Überzeugung als Ausdruck des möglichst verzögerten Übertritts in die erwachsene und militärisch gestiefelte Welt. Mit meiner auf Bezugsschein erworbenen Knickerbockerhose rückte ich auch im April 1945 als «Volksgrenadier» in die Kaserne ein und erhielt auf der Kleiderkammer sogleich die lange, feldgraue Uniformhose, mit der ich ein paar Tage später in Kriegsgefangenschaft geriet.

Als ich nach zweieinhalb Jahren mit derselben Hose aus der Gefangenschaft entlassen wurde, waren in den Straßen meiner zerstörten Stadt weit und breit keine Knickerbocker mehr zu sehen. Statt dessen, ebenfalls aus Amerika stam-

mend, die Jeans, die auf ihre Weise auch höchst zivile Hosen-
wunder sind, aber einem anderen, nicht mehr meinem Ritus
angehören.

Gott

Von Kurt Drawert

Nein, Gott gibt schon lange keine Sprechstunden mehr. Es mag an seinem Alter liegen, an seiner Gebrechlichkeit. Oder er ist einfach zu müde, immer daßelbe zu sagen und lediglich gegen Wände zu sprechen. Denn es ändert sich nachweislich nichts – soweit das Ergebnis einer empirischen Studie seit Moses. Vielleicht auch ein Übertragungsdefekt in der Leitung, bestenfalls. Die Forschung jedenfalls ist hier kaum wirklich weiter gekommen, voll von Spekulationen und Spekulanten, diese Wissenschaft ihn betreffend, wirklich, ein Trödelladen ist geordnet dagegen. Wer also heute sagt, er sei Gott begegnet, dem fehlte nur das richtige Beruhigungsmittel, soviel steht fest. Aber auch in den letzten Jahrhunderten vor uns hat ihn keiner mehr so richtig gesehen, geschweige denn sprechen und ihm Fragen stellen können. Warum er, der irdische Delinquent schicksalshalber, überhaupt da ist zum Beispiel, wenn er in einer sehr konkreten Stunde ohnehin wieder hochgeholt wird. Rätsel über Rätsel. Zumal auch das Bild, das über Gott einmal in Umlauf gekommen war, mit Vollbart und schimmelweiß wallendem Haupthaar, zunehmend Risse bekam und Anlaß für allerhand Streit gab. Mit Bart, ohne Bart, mit Stock, ohne Stock, nackt oder nicht nackt, und wenn nicht nackt, womit, bitte, bekleidet? Es war nur noch schrecklich. Ich habe ihn mir immer wie Karl Marx vorgestellt, als er sein «Kapital» zum Verlag gebracht hat, ich glaube zu «Aufbau», Berlin, damals noch Französische Straße. Erklären kann ich diese Vorstellung nicht, es muß an der Gegend gelegen haben, in der ich aufgewachsen bin. Sogar auf einem Ahornblatt, ehe es zum übrigen Kraut fällt, oder in einem flirrenden Regentropfen am unteren Astrand der Weide wollte man seine Anwesenheit festgestellt haben, früher, das heißt später, nachdem er schon keine ordentliche Person mehr gewesen ist. Mit einem Wort gesagt: Er schrumpfte und schmolz wie Schnee im deutschen April, nicht mehr zu retten. Schließlich war er so klein geworden, daß ein Mikroskop erfunden werden mußte, um so vielleicht doch noch die Chance zu haben, ihn einmal zur Rede zu stellen. Denn es blieb ja durchaus viel zu tun auf der Welt, und die Zustände, für die er, der große Erzeuger, verantwortlich war, wurden schlechter und schlechter, weil der Anspruch der Menschen, die bald Subjekte heißen werden, größer und größer geworden war. Die letzten, die nachweislich auf ihn gewartet haben, der eine kräftig und der andere klein, der eine unter einem Baum, der andere auf einem Stein, hießen Wladimir und Estragon. Aber er kam nicht, weil vielleicht die Gage nicht stimmte. Oder aber er ist jenes peitschende Monster gewesen, das einen Sklaven an seiner Leine durch den Sand der Geschichte trieb. Gut, sagte man schließlich, dieses Bühnenereignis zur Tat werden lassend, wenn er nicht zu uns kommt, dann müssen wir eben hin. So also wurden nach dem Mikroskop die Raketen erfunden, die weiter und weiter flogen, aber erfolglos. Und jetzt einmal Hand aufs Herz: Als die Raumstation MIR auf die Erde zurückkam, haben wir da nicht an eine zerbeulte Brotbüchse gedacht, wenn sie aus der Aktentasche geradewegs auf die Schrotthalde segelt? Das, diese traurig kratzende Kurve, soll der letzte gültige Ausflug zu Gott gewesen sein? Es wurde ja schon immer gemunkelt, aber jetzt war es gewissermaßen durch: Gott gibt es tatsächlich nur in der Abwesenheit eines Gottes, er ist die Negativmasse dessen, was laut Wittgenstein so alles «der Fall ist» und reif für die Historienbücher. Oder, einfacher, er ist das Ding im Augenblick des Verschwindens. Nur die Religionsphilosophie bleibt da noch ein bißchen länger am Scheinproblem haften und rechnet kurz vor, daß das Abwesende, wenn es eine Kategorie des Seienden sein soll, auch etwas Seiendes sein muß. Für meinen Geschmack klingt das schwierig, Mutter. Aber wenn ich bedenke, wie hell der Hintergrundhimmel auf meinem Monitor leuchtet, dann denke ich schon, daß Pozzo Godot war.

Sitten und Länder

85 / 87 / 99 – 14 Jahre DDR

Von Judith Kuckart

1999

Bei dem Empfang des schwedischen Botschafters kam er auf mich zu. Quer durch den Raum. Ich weiß nicht, was ich bei dem Empfang machte, aber weiß noch, wie die Menschen auseinandertraten, um ihn durchzulassen. Er war nicht hoch, aber breit und eckig wie ein Bodyguard und trug ein kariertes Jackett: Ich möchte Sie kennenlernen, sagte er.

Ich zog einen anderen Mann neben mir am Ärmel, er war ein bekannter deutscher Dichter. Ich kannte den Dichter nur flüchtig, aber in dem Moment stand er genau richtig.

Darf ich Ihnen den Dichter Treichel vorstellen? sagte ich zu dem Mann im karierten Jackett, und er antwortete, ich weiß, wer Sie sind.

Ich suchte ein Namensschild zwischen den Karos seines Revers.

Gauck, sagte er da, Gauck, wie die Behörde. Sie haben doch lange in Berlin gelebt, oder?

1987

Meine Freundin Monika aus Berlin, Hauptstadt der DDR, hat ein Westvisum für tausend Tage. Sie wohnt in Pankow. Ihr Visum kann sie an der Friedrichstraße, Westberlin, abholen. Sie geht nicht gern allein ins KaDeWe, geht nicht gern allein zu Behörden. Sie hat im Westen Angst. Ich gehe mit. Ich soll sie beschützen. Es regnet heftig, als wir an der Friedrichstraße ankommen. Zwischen einer Tür aus Holz und einer Tür aus Glas beugt sie sich mit hochgezogenen Schultern zu einem Sprechfenster.

Wo bitte kann ich …? Sie räuspert sich.

Aber sofort und laut unterbricht der Pförtner. Er zeigt auf mich. Meine Haare sind naß und noch schwärzer als sonst.

Da, sagt er, da mit Ihrer Türkin da müssen Sie in den dritten Stock.

1985

An der Grenze, Übergang Moritzplatz. Übergang von Ost nach West. Es ist eine halbe Stunde nach Mitternacht. Und heiß, auch nach dem Gewitter noch. Die halbe Stunde, die ich zu spät bin, habe ich auch mit dem Sprung über die große Pfütze kurz vor der Grenze nicht mehr eingeholt.

Ich höre mich zum Grenzbeamten sagen: Schönen Gruß und denke an den Namen, den die beiden mir genannt haben.

Die beiden Silhouetten jenseits der Pfütze, sie winken mir. Der Grenzbeamte der DDR schaut auf die, die da drüben winken, dann auf mich.

Sie sind eine halbe Stunde zu spät, sagt er.

Ja, ich weiß, sage ich, und schönen Gruß von Ilse Lange.

In derselben Nacht frage ich meinen Freund in Schöneberg, wer ist denn Ilse Lange. Mit der bin ich nämlich über die Grenze gekommen.

Ilse Lange war gegen Ende der DDR die einzige Frau im Zentralkomitee der SED.

Anständige Dienstfertigkeit

Von Gerhard Neumann

Die 1901 gegründete «Zeitschrift für Organisation» trug auf ihrem ersten Titelblatt eine geballte Faust, die, wie die Faust eines antiken Wagenlenkers, ein Bündel von straff gespannten Zügeln in sich versammelte. Stand diese Geste für den Inbegriff unserer modernen Kultur? Wie zum Beispiel die jüngst geballte Faust eines Fußballspielers, aus der sich ein Mittelfinger zum Himmel reckt – der Ruch der Aggression, der sich ausbreitet, ein ganzes Stadion empörter Fans herausfordert und, mit einer Handbewegung, die Ehre der Nation in den Schlamm stößt?

Es scheint, als sei die Geste der sich ballenden Faust nach und nach an die Stelle anderer Gesten einer Hand getreten, die, leicht geöffnet und entspannt, einem älteren Passagier einen Sitzplatz in der überfüllten Straßenbahn anbietet; die einem anderen den Vortritt durch eine Tür läßt; die ein zu Boden Gefallenes aufhebt und freundlich darreicht – zugleich mit einem Blick, der den Blick des Gegenübers sucht. Statt dessen nun aber ein anderes Repertoire von Bewegungsmustern: ein Sich-Hineinstürzen in den U-Bahn-Wagen, bevor überhaupt jemand aussteigen kann; das Zu-fallen-Lassen einer Tür, die dem Nachkommenden ins Gesicht schmettert; das lässige Betreten einer Rolltreppe abwärts, bei der eine Frau mit Kinderwagen wartet; das Durchschreiten einer Tür, die ein Zuvorkommender offenhält, ohne Dank und mit leerem Blick; das coole Hinwegspringen über einen herabgefallenen Gegenstand, am liebsten mit Inline-Skates – nicht ohne beifallheischenden Rundblick.

Was für eine Sprache sprechen die Gesten der Höflichkeit in einer Kultur? Warum verschwindet ein bestimmter Typus von Gesten, und warum tritt unvermerkt ein anderer an seine Stelle? Und welche kulturelle Bedeutung hat die Reaktion der Mitlebenden auf einen solchen Gestenwechsel?

Im Jahre 1809 erschien ein Roman, der wohl zum ersten Mal die kulturelle Ratlosigkeit zum Thema machte, die sich angesichts des Konflikts zwischen Sprachzeichen, mathematischen Zeichen und Körperzeichen ausbreitete: Goethes «Wahlverwandtschaften». Eine Figur dieses Romans, Ottilie, entschlägt sich mehr und mehr der Worte und bedient sich, indem sie zu verstummen beginnt, der Gestensprache: solcher Gebärden, die sie erfindet, und jener anderen, die es schon gibt in der Kultur. Dabei erregt ihre «anständige Dienstfertigkeit», sich zu bücken, wenn jemandem etwas aus der Hand fällt, Anstoß: Eine Frau tue das nicht für einen Mann. Und Ottilie erzählt, zu ihrer Rechtfertigung, eine Anekdote: «Als Karl der Erste von England vor seinen sogenannten Richtern stand, fiel der goldne Knopf des Stöckchens, das er trug, herunter. Gewohnt, daß bei solchen Gelegenheiten sich alles für ihn bemühte, schien er sich umzusehen und zu erwarten, daß ihm jemand auch diesmal den kleinen Dienst erzeigen sollte. Es regte sich niemand; er bückte sich selbst, um den Knopf aufzuheben. Mir kam das so schmerzlich vor» – fügt Ottilie hinzu –, «daß ich von jenem Augenblick an niemanden kann etwas aus den Händen fallen sehn, ohne mich darnach zu bücken.»

Da ist der abgesetzte Souverän, in dessen Hilflosigkeit der Konflikt zwischen Standesgesellschaft und Revolution sichtbar wird: sein Eingefrorensein in ein Ritual, das allein durch

Gesten seiner Untertanen seine Kraft empfing – und dessen Versagen ihn nun in tödliche Einsamkeit stößt. Indem Ottilie sich mitleidig die ausgebliebene Geste der Höflichkeit aneignet, erstattet sie, gewissermaßen repräsentativ, dem anderen die Gabe der Aufmerksamkeit zurück – als das Geschenk der Humanität.

Sollte in dieser Szene nicht das Wesen einer noch möglichen Geste der Freundlichkeit zum Vorschein kommen, die Einspruch erhebt gegen die Geste der geballten Faust? Ist es nicht die extreme Unwahrscheinlichkeit sympathetischen Handelns, die hier – ohne jede Hoffnung auf einen herrschaftsfreien Diskurs zwischen Menschen – doch für einen auratischen Augenblick gestisch fühlbar macht, was der Fall sein könnte in einer humanen Gesellschaft? Gesten der Höflichkeit öffnen einen Raum für jene Utopie gegenseitiger Achtung, die eine Sozietät braucht, um zu überleben. Vielleicht sind Gesten der Höflichkeit die einzige Form, wie überhaupt Alterität – ein schöner Begriff von Emmanuel Levinas für das Sich-Einlassen auf den anderen – für einen Moment zwischen Menschen vermittelbar wird. Bringen solche Gesten nicht wie ein Wunder Freundlichkeit zum Vorschein?

Gesten der Höflichkeit sind keine Aussagen, sie sind keine Handlungen, und sie sind auch keine Symbole. Aber sie öffnen die Szene für eine immer noch mögliche Utopie der Menschlichkeit. Vielleicht ist dies der Grund, warum noch dem heutigen Leser von Ottilies Anekdote die Tränen kommen – sind doch Tränen ihrerseits Gesten eines sympathetischen Handelns.

Die Totenrede

Von Thomas Kling

Es war dies der Sommer nach dem Sommer, in dem die Mumie des Mannes aus dem abschmelzenden Gletschereis aufgetaucht war. Diesen Sommer verbrachten wir im Gebirge auf der Südseite der Alpen als Nachbarn des gewesenen Gemeindehirten eines im Tal gelegenen Fleckens, der, nahe seiner ehemaligen Arbeitsstätte, den Hochalmen, ein Nebenhaus des jahrhundertealten Hofes fast unter Ausschluß spätmoderner Annehmlichkeiten bewohnte. Zur Elektrizität hatte er sich noch überreden lassen; Telefon, das die Gemeinde auch noch spendieren wollte, lehnte Ludi ab.

Nach einigen Tagen vorsichtiger grüßender Annäherung kam es zu einem ersten Gespräch. Hier war nun jemand, der, ohnehin wenig ans Reden gewöhnt, mit den Fremden, langsam formulierend, hochdeutsch sprechen mußte; jemand, der sich die Worte suchen mußte, ahnend, daß sein purer Vinschgauer Dialekt nie und nimmer von uns verstanden werden würde. So wies er, als ich ein Wort (dasjenige für Preiselbeeren) nicht verstehen konnte, mit einer die Tallänge ausmessenden, beschreibenden Geste hinunter und fragte (mehr sich als mich): «Wie sagen sie?» Sie: das meinte die Leute im Tal, die oft mit Fremden sprechen und die dem Ludi durchaus, ja, schon etwas suspekt waren. Schon die. Mir schwante etwas bei seinem Preiselbeerwort, das ich dann erraten hatte, und, siehe, ich konnte es in meiner Reisebibliothek nachschlagen, in Lexers Mittelhochdeutschem Taschenwörterbuch.

In den Kategorien des stolzen Knechts waren wir für ihn
(übersetzt): «Herrenleut'», «Herrische»; aus der Ebene, dem
«Niederland», fast schon aus dem Meer. Teilnehmende Beobachtung: er uns, natürlich. Er saß den lieben langen Tag auf
dem Bänkchen vor seinem Haus. Er stand, unterhalb des
nicht sichtbaren Similaun, da am Rand, ins Tal blickend, in die
Landschaft, und er wußte, Meister der Erfahrenheit und der
Wahrnehmung: Diese Wäschestücke, rechts auf der Leine,
können noch nicht abgenommen werden, sie sind noch nicht
trocken. Er sah mit seinem beschädigten Auge nicht mehr genau, wußte aber, welches Wild wo und in welcher Anzahl
weit drüben im Hang stand, wo wir deppenhaft-ungeschult
mit dem Eschenbachglas lang herumsuchten. Er glaubte an
Geister. Er hörte in seiner rauchgeschwärzten Küche die
Abendnachrichten am Kofferradio, sehr schweigend. Er
nahm, als er photographiert wurde, den Hut ab. Der von den
Jungen (aus dem Tal), die den Cowboy als Oberindianer ver-
ehrten, mühselig restaurierte Backofen konnte nicht funktio-
nieren; Ludi bedachte sie mit mildem Spott: «Der ist ja noch
aus dem Alten Testament!» Mit dem Flugzeug «fuhr» der in
der Tourismusbranche auf Kosten der – zugebauten – Natur
reich gewordene Großbauer (bei dem er hatte im Stall schlafen müssen) «nach Venedig – zum Kaffeetrinken!» Daß der
Hochmütige, der Geizkragen, von Bankenbedrängung zuletzt schlaflos geworden, sich eines Tages erhängte – für Ludi
keine Überraschung; sein Kommentar, dem Bibeldeutsch
Luthers nah: «Er hätt es sollen fahren lassen.»

Die Totenrede stirbt aus! Vor einigen Jahren ist Ludwig
Messner gestorben. Er ist von vielen wegen seiner Kenntnisse
geschätzt worden. Jeder Greis, der stirbt, heißt es in Afrika,
ist eine brennende Bibliothek. Kein Zweifel: Der Ludi ist ein
Sprachspeicher gewesen.

Das Taschentuch

Von Andrea Köhler

Früher waren sie meistens umhäkelt: weißer Batist mit blauem und rosa Rand. Oder sie hatten Bügelfalten, bordeauxrote Streifen und Monogramm, hießen Schneuztuch und dufteten nach Zigarillos und Eau de Cologne. Natürlich mußte das Taschentuch sauber sein, wer so einen frischgewaschenen Stoff bei sich trug, war selber mit einer Aura der Reinheit gesegnet. Sicher ist, daß Werthers Lotte ein Tüchlein gehabt hat, um ihre, um seine Tränen zu trocknen. Und etwas aus dieser Zeit und der Art und Weise, wie damals Abschied genommen wurde, hing dem Taschentuch auch im letzten Jahrhundert noch an, dem Jahrhundert, in dem es verlorenging. Selbst wenn hin und wieder eine sehr alte Dame mit veilchenfarbenem Haar, es suchend, in ihrer Handtasche kramt oder ein Herr von bürgerlicher Gestalt ein sauber gefaltetes Dreieck am Revers trägt – das Taschentuch ist ein Relikt aus Zeiten, in denen beim Abschied noch Tränen vergossen wurden.

Eine Szene, die wir aus Filmen kennen: Eine Frau in einem leichten Sommerkleid, schlank, großgewachsen, in der Mode der dreißiger Jahre, der Zug ist nur noch von hinten zu sehen, sie läuft, winkt, bleibt stehen und läßt die Hand sinken, es ist Krieg, und man weiß schon, das nächste Wiedersehen wird anders sein. Vielleicht ist der Abschied in dieser Zeit überhaupt ein für allemal anders geworden, wenigstens der am Bahnsteig, und erstaunlich ist nur, daß er überhaupt wieder möglich wurde. Immer aber wird dieses Inbild des Abschiednehmens mit einer Geste verknüpft sein, die endgültig der Vergangenheit angehört: dem Winken am Bahnsteig, mit einem Taschentuch.

Warum winkte immer nur der, der zurückblieb, mit einem Tuch? Stand da, ein Strich, ein Punkt in der Landschaft zuletzt, mit einem flatternden Fähnchen? Weil er, nein weil *sie*, weil die Zurückbleibende möglichst lang noch gesehen zu werden wünschte von dem, der da ging? Daß sie nicht gleich, wenn der Zug anrollte, vergessen war, sondern in der Erinnerung haftenblieb wie Nachbilder auf der Netzhaut? Bei jeder Trennung gibt es ja immer zwei Abschiede, den Abschied dessen, der geht, und den desjenigen, der bleibt. Die mit dem Taschentuch hatten meistens den trostbedürftigen Part; das Taschentuch war das Unterpfand des Zurückbleibens. Mit seinem Verschwinden hat auch das Abschiednehmen eine andere Gestalt angenommen; und dies nicht nur, weil heute auch Frauen gehen und man sich nicht mehr aus dem Zugfenster lehnen kann.

Am Hafen dagegen ist die Gebärde des Armeschwenkens fast immer fröhlich – die Zaghaftigkeiten des Abschiednehmens sind beim Stechen in hohe See nicht erlaubt. Das Winken am Kai ist bereits dem Fahren verschwistert, dem optimistischen Tuten der Schiffe, welches die Route aufs Meer vorauswirft; es ist, wie das Winken auf Ausflugsdampfern, ein Gruß im Vorübergehen – anachronistisch wie die Ozeanriesen selbst. Wogegen das Winken am Gleis schon die Bilder verwischt, die dann vorm Zugfenster bald vorüberfliegen, derweil der Fahrende, an den Strom der Zeit gelehnt, mit dem Vergessen beginnt. So ist das Hissen des Taschentuchs eine Bewegung, die die verstreichende Zeit in den Himmel malt und mit der Hoffnung aufs Wiedersehen zugleich die Vergeblichkeit durch die Luft schwenkt.

Und vielleicht war das altmodische Salutieren am Bahnsteig auch deshalb eine so traurige Geste, weil sie immer am Tage geschah, ein Abschied bei schönem Wetter und gewissermaßen mitten im Leben. Während das Hinterhergrüßen schon in der Dämmerung nicht mehr möglich ist, erst recht nicht bei strömendem Regen. Aber wahrscheinlich ist es gar nicht das Wedeln mit einem Taschentuch, das zuerst verlorenging, und sein Verschwinden ist bloß das Echo auf einen viel größeren Verlust: den Schwund der Distanzen. «Durch die Eisenbahnen wird der Raum getötet, und es bleibt uns nur noch die Zeit», schrieb Heinrich Heine im Jahr 1848, «mir ist, als kämen die Berge und Wälder aller Länder auf Paris angerückt. Ich rieche schon den Duft der deutschen Linden; vor meiner Tür brandet die Nordsee.» Da war die Eisenbahn gerade 18 Jahre alt. Seitdem ist der Raum immer kleiner geworden, und die See brandet allerorten. Die Flughäfen bedienen die Sehnsucht des Menschen nach überallhin so gründlich, daß auch das Fernweh ein Anachronismus geworden ist; es stammt, wie das Taschentuch, aus der Zeit der Bildungsromane, einer Zeit, als das Reisen noch Reifen hieß und der, der fortging, als ein anderer wiederkam.

Wo der Gebrauchswert einer Sache verlorenging, hat sich oft eine Luxusversion an ihre Stelle gesetzt; die edlen Seidentücher von Gucci, Boss oder Yves Saint-Laurent beispielsweise gibt es ja erst, seitdem das Taschentuch nicht mehr benutzt wird. Doch blieb gerade das Tüchlein auf eine sentimentalische Weise mit dem Gedenken liiert, ein Stück Stoff, das Abschiede überbrückte, Tränen trocknete und dem Gedächtnis mit einem Knoten aufhalf, bei dessen Anblick man nur noch erinnern mußte, wem oder was die Erinnerung galt.

Die Beiträger

Bora Ćosić wurde 1932 in Zagreb geboren. Er studierte Philosophie in Belgrad. Heute lebt er abwechselnd in Rovinj/Istrien und Berlin. Neueste Veröffentlichungen: «Die Zollerklärung», Roman, 2001; «Das Weben», Prosa, 2002.

Dorothea Dieckmann wurde 1957 in Freiburg/Br. geboren. Sie studierte Philosophie und Germanistik u. a. in Hamburg, wo sie auch heute lebt. Neueste Veröffentlichungen: «Damen & Herren», Roman, 2003; «Sprachversagen», Essay, 2003.

Katharina Döbler wurde 1959 in Gunzenhausen geboren. Sie studierte Theaterwissenschaft und lebt heute als Literaturkritikerin und Autorin in Berlin. Veröffentlichungen: Theaterstücke und Hörspiele.

Ulrike Draesner wurde 1962 in München geboren, studierte in München und Oxford Germanistik, Anglistik und Philosophie. Seit 1994 freie Autorin, lebt in Berlin. Neueste Veröffentlichungen: «für die nacht geheuerte zellen», Gedichte, 2001; «Mitgift», Roman, 2002.

Kurt Drawert wurde 1956 in Hennigsdorf (Brandenburg) geboren. Nach Ausbildung zum Facharbeiter Abitur und Studium am «Institut für Literatur». Lebt in Darmstadt. Neueste Veröffentlichungen: «Reisen im Rückwärtsgang. Zwei Dichter unterwegs mit der transsibirischen Eisenbahn», 2001; «Frühjahrskollektion», Gedichte, 2002.

Peter Esterhazy wurde 1950 in Budapest geboren. Er studierte an der naturwissenschaftlichen Fakultät der Universität Budapest. Seit 1978 lebt er dort als freier Schriftsteller. Neueste Veröffentlichungen: «Fancsicó und Pinta», 2002; «Verbesserte Ausgabe. Beilage zu ‹Harmonia Gelestis›», 2003.

László F. Földényi wurde 1952 in Debrecen (Ungarn) geboren und lebt heute als Essayist und Literaturhistoriker in Budapest. Neueste Veröffentlichungen in Deutschland: «Heinrich von Kleist: Im Netz der Wörter», 1999; «Das Schweißtuch der Veronika. Museumsspaziergänge», 2001.

Joachim Güntner wurde 1960 geboren. Er studierte Philosophie, Soziologie und Germanistik. Lebt bei Hannover. Neueste Veröffentlichung: «Das Buch vom Buch. 5000 Jahre Buchgeschichte», 2. Auflage 1997.

Hans Ulrich Gumbrecht wurde 1948 in Würzburg geboren. Er studierte Romanistik, Germanistik, Philosophie und Soziologie in München, Regensburg, Salamanca, Pavia und Konstanz. Er lebt in Stanford, Kalifornien. Neueste Veröffentlichungen: «The Non-Hermeneutic and the Present», 2002; «The Powers of Philology», 2002.

Thomas Hettche wurde 1964 in Treis geboren. Studierte Germanistik und Philosophie. Lebt in Frankfurt am Main. Neueste Veröffentlichungen: «Der Fall Arbogast», Kriminalroman, 2001; «Ludwig muß sterben», Roman, Neuausgabe 2002.

Jochen Hörisch wurde 1951 in Bad Oldesloe geboren. Er studierte Germanistik, Philosophie und Geschichte in Düsseldorf, Paris und Heidelberg. Lebt in Mannheim. Neueste Veröffentlichungen: «Das Ende der Vorstellung – Die Poesie der Medien», 1999; «Der Sinn und die Sinne – Eine Geschichte der Medien», 2001.

Thomas Kling wurde 1957 geboren. Er lebt auf der Raketenstation Hombroich bei Düsseldorf. Neueste Veröffentlichungen: «Sondagen», Gedichtband mit CD, 2002; «Zinnen», Mappe mit Ute Langanky, 2002.

Andrea Köhler wurde 1957 in Bad Pyrmont geboren. Sie studierte Germanistik und Philosophie und lebt heute als Kulturkorrespondentin in New York.

Stefan Krass wurde 1951 geboren. Er lebt als Autor und Literaturredakteur in Freiburg. Neueste Veröffentlichung: «Tropen im Tau. Permutation», Anagrammgedichte, 2002.

Friederike Kretzen wurde 1956 in Leverkusen geboren. Sie studierte Soziologie und Ethnologie in Gießen. Heute lebt sie in Basel. Neueste Veröffentlichungen: «Indianer», Roman, 1996; «Ich bin ein Hügel», Roman, 1998.

Brigitte Kronauer wurde 1940 in Essen geboren. Sie lebte als Lehrerin in Aachen und Göttingen, seit 1974 als freie Schriftstellerin in Hamburg. Neueste Veröffentlichungen: »Teufelsbrück», Roman, 2000; «Zweideutigkeiten», Essays und Skizzen, 2002.

Judith Kuckart wurde 1959 in Schwelm geboren. Sie studierte Literatur- und Theaterwissenschaften und machte eine Tanzausbildung. Heute lebt sie als Schriftstellerin und Regisseurin in Baden-Baden und Zürich. Neueste Veröffentlichungen: «Lenas Liebe», Roman, 2002; «Die Autorenwitwe», Erzählungen, 2003.

Beatrix Langner wurde 1950 in Berlin geboren. Sie lebt auch heute dort und in der Mark Brandenburg als Literaturkritikerin und Autorin. Neueste Veröffentlichung: «Hölderlin und Diotima. Eine Biografie», 2001.

Gertrud Leutenegger wurde 1948 in Schwyz geboren. Sie absolvierte ein Studium der Regie an der Schauspielakademie Zürich. Nach längeren Aufenthalten in Italien, England, Berlin und Tokio lebt sie heute in Zürich. Neueste Veröffentlichung: «Sphärenklang. Dramatisches Poem», 1999.

Martin Meyer wurde 1951 geboren. Er studierte Literatur, Philosophie und Geschichte an der Universität Zürich. Seit 1992 ist er Chef des Feuilletons der NZZ. Neueste Veröffentlichungen: «Tagebuch und spätes Leid. Über Thomas Mann», 1999; «Ausgerechnet ich. Gespräche mit Alfred Brendel», 2001.

Frauke Meyer-Gosau wurde 1950 in Bremen geboren. Sie studierte Literatur-, Theater- und Politikwissenschaft und lebt heute als Redakteurin in Berlin.

Adolf Muschg wurde 1934 in Zollikon geboren. Er studierte Germanistik, Anglistik und Philosophie in Zürich und Cambridge. Heute lebt er in Männedorf bei Zürich. Neueste Veröffentlichungen: «Sutters Glück», Roman, 2000; «Das gefangene Lächeln», 2002.

Péter Nádas wurde 1942 in Budapest geboren. Er arbeitete als Zeitschriftenfotograf, bis er Mitte der sechziger Jahre diesen Beruf aufgab, um als freier Schriftsteller zu leben. Neueste Veröffentlichung: «Der eigene Tod», 2002.

Andreas Nentwich wurde 1959 geboren. Er studierte Germanistik und Kunstgeschichte und lebt als freier Publizist in Stuttgart.

Gerhard Neumann wurde 1934 geboren. Er studierte Germanistik und lebt als emeritierter Ordinarius für neuere deutsche Literaturwissenschaft in München. Neueste Veröffentlichungen: «Szenographien. Theatralität als Kategorie der Literaturwissenschaft» (Hrsg.), 2000; «Transgressionen. Literatur als Ethnographie» (Hrsg. mit Rainer Warning), 2003.

Karl-Heinz Ott wurde 1957 in Ehingen/Donau geboren. Er arbeitete als Schauspielmusiker und Dramaturg. Heute lebt er in Freiburg/Br. Neueste Veröffentlichungen: «Arabische Pferde» (mit Yoko Tawada), Libretto, 2002; «Geierwally» (mit Theresia Walser), Theaterstück, 2003.

Angelika Overath wurde 1957 geboren und lebt als Literaturkritikerin, Reporterin und Essayistin in Tübingen. Neueste Veröffentlichungen: «Händler der verlorenen Farben», 1998; «Vom Sekundenglück brennender Papierchen», 2002.

Manfred Papst wurde 1956 in Davos geboren. Er studierte Sinologie, Geschichte, Germanistik und Kunstgeschichte. Seit 2002 ist er Ressortleiter Kultur bei der «NZZ am Sonntag» und lebt in Zürich.

Moritz Rinke wurde 1967 in Worpswede geboren. Er studierte Angewandte Theaterwissenschaften und lebt heute als freier Autor in Berlin. Neueste Veröffentlichungen: «Republik Vineta. Ein Stück in vier Akten», 2000; «Die Nibelungen», 2002.

Harald Weinrich wurde 1927 in Wismar geboren. Er studierte Romanistik, Germanistik, Latinistik und Philosophie in Münster, Freiburg, Toulouse und Madrid, lehrte als Professor in Kiel, Köln, Bielefeld und München, seit 1992 am Collège de France. Heute lebt er in Münster. Neueste Veröffentlichungen: «Sprache, das heißt sprechen», 2001; «Kleine Literaturgeschichte der Heiterkeit», 2002.